斯文在兹

中华文化的源与流

翟玉忠 著

中央编译出版社
Central Compilation & Translation Press

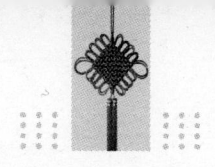

将中国文化精神与西方物质文明有机结合起来

(代序)

观察我们周围的世界,几乎一切都是由西方文化,特别是西方物质文明塑造的——从头顶上的电灯到眼前的电脑,从我们的娱乐到我们的医疗,都是这样。那么,西方文明代表了人类进步的最高阶段还需要任何怀疑吗?

如果单纯从物质方面来衡量,西方文明目前的确代表了人类文明的最高成就。问题是,人类文明除了物质方面,还有精神的、社会的、政治经济的诸多方面,现实世界中它们是不可分割的有机体。过去五百年来,特别是近一百多年来,西方物质文明在给人类带来了巨大福祉的同时,也带来了巨大的灾难和危险。

2013 年 9 月 14 日,台湾《自由时报》报导说,由英美顶尖科学家组成、英国前皇家学会会长芮斯领导的"剑桥生存危机研究中心"(Centre for the Study of Existential Risk,简称 CSER)列举了各种可能摧毁全世界、危及人类生存的灾难事件,包括:核战争、陨石撞地球、网络攻击、生物恐怖主义、食物短缺、流感肆虐、杀人电脑、气候剧变等等,而这一切皆源于人类自身。芮斯感叹:"影响人类永续生存的最大

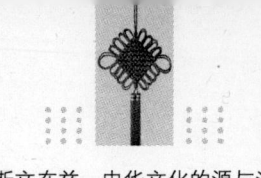

威胁是人类本身。"①

不难看出,物质文明本身就是一把双刃剑。它可以造福人类,也可以毁灭人类。人类需要一种更高的智慧去控制这把双刃剑,在笔者看来,这种智慧是单纯的西方文化所不能胜任的,需要汲取包括中国文化在内的一切人类文明成果。进而言之,就是要将中国文化精神与西方物质文明有机结合起来。

为何这么说呢?因为从中国文化的角度看,近代西方文明有太多不足之处——它的生活方式是违反人类本性的,它的世界观有严重的缺陷,它的逻辑体系有太大的局限性——而中华文化正好补这些不足。

一、人性的解放早已蜕变为物欲的放纵

先说生活方式。

文艺复兴以来,西方文化高举人性解放的大旗,将人类物质文明推向了极致。人们发现,人性的解放早已蜕变为物欲的放纵,20世纪兴起的消费主义不过是物欲放纵的最高形态。在那里,物质上的成功,而非道德的成就成为衡量一个人成功的唯一标准——广告、信贷、艺术……社会中的一切都为刺激人类的物欲,满足人类的物欲而存在,而人的本性,生命需要的复杂性和多层次性被严重忽略了。

---

① 参阅雅虎 http://tw.omg.yahoo.com/news/%E7%A7%91%E5%AD%B8%E5%AE%B6%E5%88%97%E6%9C%AB%E6%97%A5%E6%B8%85%E5%96%AE-%E6%9C%80%E5%A4%A7%E5%85%83%E5%87%B6%E4%BA%BA%E9%A1%9E-221045232.html,访问日期2013年9月18日。

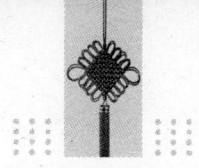

将中国文化精神与西方物质文明有机结合起来(代序)

当物质世界塑造了人,人也被物化了——从活生生的人变成了符号化的生产要素。

这种生活方式被称为先进、时髦、现代,但它却与人的本性相违背。因为人本性清静,复归这种清静本性,我们才能得到真正的智慧、美德与快乐,人类若跌入"刺激物欲—满足物欲"的陷阱不能自拔,其结果只能是战争和毁灭。这不是耸人听闻的说教,两千多年前,儒家经典《礼记·乐记》中就曾明确指出这一点,上面说:

"人生而静,天之性也;感于物而动,性之欲也。物至知(通智——笔者注)知,然后好恶形焉。好恶无节于内,知(通智——笔者注)诱于外,不能反躬,天理灭矣。夫物之感人无穷,而人之好恶无节,则是物至而人化物也。人化物也者,灭天理而穷人欲者也。于是有悖逆诈伪之心,有淫泆作乱之事。是故,强者胁弱,众者暴寡,知(通智——笔者注)者诈愚,勇者苦怯,疾病不养,老幼孤独不得其所,此大乱之道也。"

人类清静的本性因为外物的刺激才起作用,形成善恶美丑诸观念。若人不能节制这种外物的刺激,最终将不断追求声色犬马,成为外物的奴隶,即上文所说的"人化物"、"灭天理而穷人欲"。于是人们就会互相欺骗,互相竞争,互相剥削,进而导致社会秩序的大乱。

读者诸君试想,这不就是现代西方社会的基本现实吗!竞争成为西方社会的基本美德,欺骗已经渗透入学术本身,剥削则在相当程度上国际化了,且多以金融这种温情脉脉的形式……

那么人类该如何正确地生活呢?就是遵循礼义之道。《礼记·乐记》的作者接着写道:"是故先王之制礼乐,人为之节,衰麻哭泣,所以节丧纪也;钟鼓干戚,所以和安乐也;昏姻冠笄,所以别男女也;射乡食

· 3 ·

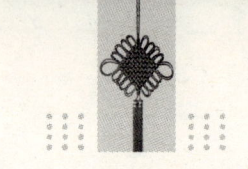

飨，所以正交接也。礼节民心，乐和民声，政以行之，刑以防之。礼乐刑政，四达而不悖，则王道备矣。"（文意：所以先王要制定礼乐，让人们有所节制。披麻戴孝的哭泣，是为了节制丧礼；钟鼓干戚的歌舞，是为了享受到适当的快乐；关于婚姻和冠笄的规定，是为了使男女有所区别；定期举行射箭比赛和宴会，是为了实现正当的社交活动。用礼来节制民众的心志，用乐调和民众的情感，通过政令使民众遵行礼乐，运用刑法防止违背礼乐的行为。礼、乐、刑、政，四者互相通达而不违逆，就具备了治理天下的王道。）

简而言之，就是通过礼乐来节制民心，使之不致为物所化，重归天性、天理——这是王道政治的基础，是礼、乐、刑、政的终极目标。

传统中国社会是用礼义之道来调节公私生活，维持正常社会秩序，传统西方社会则是用宗教达到同样的目的。然而在21世纪的今天，所有这一切都被物欲主义吞没了，物化的人类犹如一架没有灵魂的机器，它只能最终失控，自身毁灭。

在中国文化中，先贤称不遵循礼义之道的社会为夷——那不是一种文明的社会，而是一种野蛮的社会形态——与古代蛮夷相比，除了高度发达的物质文明，西方文明与之有何区别！

二、"典型的欧洲痴呆症"

除了与人类本性相违背的生活方式，西方社会还流行一种有严重缺陷的世界观，即将世界截然两分，分为二元对立的两部分：或分为理念世界、现象世界，或分为人的世界、神的世界，或分为主观世界、客观

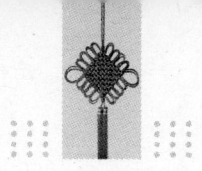

将中国文化精神与西方物质文明有机结合起来(代序)

世界。李约瑟称之为"典型的欧洲痴呆症"①。

中国人整体的、有机的世界观在西方文明中一直欠缺。李约瑟总结道:依照在中国占统治地位的哲学概念,宇宙是在自发的和谐之中,现象的规则性并不是来自外部的当权者,相反,自然、社会和天国中的这个和谐发源于这些过程中存在的平衡,这些过程是稳定的、互相依存的,并在非一致的和谐中彼此共鸣。②

西方的世界观与宇宙作为一个整体存在的现实是相违背的,这会导致严重问题,具体表现为西方文明的排他性和狭隘性。

投射到国际政治领域,就是西方社会长期缺乏天下观念,地方、民族本位主义盛行,政治上始终没有实现大统一,也就不可能实现持久的和平。直到今天,西方大国仍然主要采取联邦制的组织形式。

而中国早在四千年前的大禹时代已经实现了政治上的大统一。据记禹的功绩《尚书·禹贡》载,当时的礼乐之教"东渐于海,西被于流沙,朔南暨(从北方到南方——笔者注),声教讫于四海",这里的四海也包括夷狄。《尔雅·释地》云:"九夷、八狄、七戎、六蛮谓之四海。"

当时维系天下秩序的不是西方排他性的殖民统治,而是包容性的"五服制"。《尚书·禹贡》描述说:

"五百里甸服。百里赋纳总,二百里纳铚,三百里纳秸服,四百里粟,五百里米。"(国都以外五百里叫做甸服。离国都最近的一百里缴纳

---

① [比]普里戈金、斯唐热:《从混沌到有序:人与自然的新对话》,曾庆宏、沈小峰译,上海译文出版社,1987年,第39页。
② [比]普里戈金、斯唐热:《从混沌到有序:人与自然的新对话》,曾庆宏、沈小峰译,上海译文出版社,1987年,第85页。

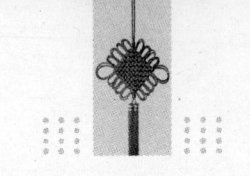

连秆的禾；二百里的，缴纳禾穗；三百里的，缴纳带秄的谷；四百里的缴纳粗米；五百里的缴纳精米。）

"五百里侯服。百里采，二百里男邦，三百里诸侯。"（甸服以外五百里是侯服。离甸服最近的一百里替天子服差役；二百里的，担任国家的差役；三百里的，担任侦察工作。）

"五百里绥服。三百里揆文教，二百里奋武卫。"（侯服以外五百里是绥服。三百里的，考虑推行天子的政教；二百里的，奋扬武威保卫天子。）

"五百里要服。三百里夷，二百里蔡。"（绥服以外五百里是要服。三百里的，要和平相处；二百里的，要遵守王法。）

"五百里荒服。三百里蛮，二百里流。"（要服以外五百里是荒服。三百里的，维持隶属关系；二百里的，进贡与否流动不定。）

西周祭（音 zhài）公谋父在谏穆王征犬戎时总结道："夫先王之制，邦内甸服，邦外侯服，侯、卫宾服（此处《尚书·禹贡》为"绥服"——笔者注），蛮、夷要服，戎、狄荒服。"（《国语·周语上》）

祭公谋父还指出，欲维系天下的五服制，首先要"增修于德"，只有这样才能使"近无不听，远无不服"。单凭武力是不行的，所谓："先王耀德不观兵。夫兵戢而时动，动则威。"他接着说："甸服者祭，侯服者祀，宾服者享，要服者贡，荒服者王。日祭、月祀、时享、岁贡、终王，先王之训也。有不祭则修意，有不祀则修言，有不享则修文，有不贡则修名，有不王则修德，序成而有不至则修刑。于是乎有刑不祭，伐不祀，征不享，让不贡，告不王；于是乎有刑罚之辟，有攻伐之兵，有征讨之备，有威让之令，有文告之辞。布令陈辞而又不至，则增修于德而无勤民于远，是以近无不听，远无不服。"这段话的大意是说，属甸

将中国文化精神与西方物质文明有机结合起来（代序）

服的供日祭，属侯服的供月祀，属宾服的供时享，属要服的供岁贡，属荒服的有终生一朝王的义务。每天一次的祭、每月一次的祀、每季一次的享、每年一次的贡和一生一次的朝见天子之礼都是先王定下的规矩。如果甸服有不履行日祭义务的，天子就应内省自己的心志；侯服有不履行月祀义务的，天子就要检查自己的号令；宾服有不履行时享义务的，天子就要检查法律规章；要服有不履行岁贡义务的，天子就要检查名号尊卑；荒服有不履行朝见天子义务的，天子就要内省自己的德行，依次做了上述的内省检查后如还有不履行义务的才可以依法处置。因此，才有惩罚不祭、攻伐不祀、征讨不享、谴责不贡、告谕不朝的各种措施，才有惩罚的刑法、攻伐的军队、征讨的武备、谴责的严令、晓谕的文辞。如果颁布了法令、文告后还有不履行义务的，那就再一次内省自己的德行但不轻易劳民远征。正因为如此，近处的族群才没有不听从的，远处的族群也没有不信服的。

无论是生活方式，还是国际政治，中国文化皆以内省、内养为本，这深深影响了中国人的政治品格。表现为，其在国际政治上讲求协和万邦，反对侵略。所以中国版图数千年来的扩大，大体皆是由于抵御强敌，自然形成的，而非出于主动侵略。

西方政治品格与此相反，他们常常站在一己私利的基础上（比如为了石油资源），将对方说成异端，招集盟友，党同伐异，这是当代国际政治极其危险的主流——我们不得不警惕！

"典型的欧洲痴呆症"投射到学术领域，主要表现为西方学界随意以自己的标准衡量其他文明，只要与之不同，就会被加上传统、落后、异端的标签。19世纪是西方现代人文学术形成的时期，这种思想是殖民者的普遍心态，早已融入了西方学术的基因——后又被移植到中国

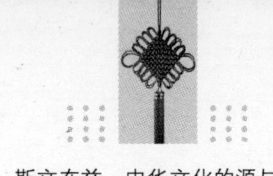

学林。

中国以礼乐教化节人欲，西方以宗教节人欲，二者并无高低之分，只有习俗不同，但在许多西方人眼里，缺乏宗教情怀的中国却成了他们拯救的异端民族。

中医与西医具有不同的概念体系和理论体系，尽管有数千年的实践，仍被称为"不科学"的。

中国代表整体利益、中立的中央政府，因为限制利益集团和党争，就被称为东方专制或军政权独裁下的威权主义。这些词皆具贬义。

西方狭隘的学术观念，动不动就以科学自居，视其他学术范式为异端，与中国学问之道——博学之，审问之，慎思之，明辨之，笃行之（语出《礼记·中庸》），其宽容性相差何止千里。

试看今日之中国，重经验知识积累的西式大学垄断一切，而重道德修养（尊德性，语出《礼记·中庸》）的中国教化不绝如缕。在人工智能高度发达的时代，电脑已经具备超强的信息存储和信息加工能力，以尊德性为主要特征的中国学术必将发挥更大的作用。因为已经有越来越多的有识之士注意到，人生修养比知识技能更为基础、重要！

三、西方无形的精神文化并不一定值得我们学习

"典型的欧洲痴呆症"投射到逻辑领域，就是两末之议在西方文化中盛行，其后果不仅浪费了大量人类智力资源，还会带来严重的社会后果。什么是两末之议呢？就是在论述事理时采取西方典型的二元对立思维，取事物的两个极端展开论述，穷诸玄辩，远离中道。比如颜色，只

将中国文化精神与西方物质文明有机结合起来（代序）

论黑白，而忽略宇宙间的五光十色；再比如政治，只论尧舜、桀纣两个极端典型，而忽视现实政治中诸多复杂的政治经济形态。《韩非子·难势》写道："治，非使尧、舜也，则必使桀、纣乱之。此味非饴、蜜（饴糖和蜂蜜——笔者注）也，必苦莱、亭历（两种苦味的草本植物——笔者注）也。此则积辩累辞，离理失术，两未之议也，奚可以难夫道理之言乎哉？"

事实上，西方逻辑学有太大的局限性，其形式逻辑的最基础规律同一律本身就是有严重的问题，因为"甲是甲"或"甲等于甲"只有在排除了现实世界的时间性和历史性时，才是正确的，否则永远不可能成立——同样是一个人，幼年时他（她）和老年时的他（她）不可能定义为同一的。换言之，只有在时间与空间割裂的情况下，才能保证"在同一思维过程中，在同一意义上使用概念和判断"。

这导致西方逻辑多适用于静态简单的事物，对于动态复杂的系统则难以适用——因为动态复杂的系统很难剥离时间一维。

中国古典逻辑名学不是这样，它特别强调概念的历时性，即"异时"。《墨子·大取篇》说："昔者之虑也，非今日之虑也。昔者之爱人也，非今之爱人也。"（文意：过去考虑，不等于现在考虑。过去爱人，不等于现在爱人。）

《经下》说："察诸其所然、未然者，说在于是推之。"《经说下》解释说："'尧善治'，自今察诸古也。自古察之今，则尧不能治也。"（文意：考察任一事物之所以如此，以及之所以不如此的原因，可以从"尧善治"这一命题推导出来；"尧善治"这一命题的得出，是从今天的情况出发，考察古代的情况，指尧善于治理古代；假如从古代的情况出发来考察今天的情况，就不能说"尧善治"，因为"尧善治"不是指

· 9 ·

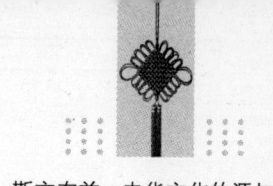

尧善于治理现代。)

《经下》说:"'尧之义也'声于今而处于古,而异时,说在所义二。"《经说下》解释说:"'尧之义也',是声也于今,所义之实处于古。"(文意:"尧是仁义的",是今天所说的话,这句话指的实际则处于古代,古代和现代是不同的时代,论证的理由是"尧是仁义的"这一命题涉及语言和现实两个方面;"尧是仁义的"这句话是今天说的,而"尧是仁义的"这句话所指的现实则是处于古代。)①

关于名学与西方逻辑学的对比,感兴趣的朋友可以参阅拙著《正名:中国人的逻辑》②,第 8~10 页。

西方逻辑过于不完备,特别容易陷入形式上完美自恰,本质上"积辩累辞,离理失术"的泥潭。也使建立于其上的学术理论常常远离现实,甚至直接成为西方国家攫取他国利益的意识形态工具——20 世纪以来,这种情况越来越突出,尤其表现在政治、经济学领域。

西方有形的物质文明值得学习,并不意味着西方无形的精神文化也值得学习;中国科学物质上一时落后于西方,并不意味其他一切方面皆不如人。盲目学习他人,结果将是灾难性的。

著名历史学家张星烺(烺,音 lǎng;1889~1951 年)在 1934 年初版的《欧化东渐史》一书开篇就写道:"中国与欧洲文化,有形上及无形上,皆完全不同。上自政治组织,下至社会风俗,饮食起居,各自其数千年之历史辗转推演,而成今日之状态。东西文化孰为高下,诚不易言。但自中欧交通以来,欧洲文化逐渐敷布东土,犹之长江、黄河之

---

① 孙中原:《中国逻辑研究》,商务印书馆,2006 年,第 618~619 页。
② 中央编译出版社 2013 年 6 月出版。

将中国文化精神与西方物质文明有机结合起来(代序)

水,朝宗于海,自西东流,昼夜不息,使东方固有文化,日趋式微,而代以欧洲文化。则是西方文化,高于东方文化也。尤以有形之物质文明,中国与欧洲相去,何啻千里。不效法他人,必致亡国灭种。至若无形之思想文明,则以东西民族性不同,各国历史互异之故,行之西洋则有效,而行之中国则大乱。各种思想与主义,无非为解决民生问题。而勉强效颦他人,使国中发生数十年或数百年长期乱事,自相屠杀,血流漂杵,人烟断绝,以至国破种灭。吾人何贵乎效法此种主义耶?依此种情形观之,欧洲之无形文明,各种思想,各种主义,持之有故,言之成理者,是否优于中国固有,与夫是否有效法之必要,不能不使人怀疑矣。"①

令人遗憾的是,20世纪如张星烺这样了解东西文明交流史,并理性看待此一问题的人毕竟是极少数。在国家危难,全盘西化的滔滔浪潮冲击之下,20世纪以来中国文化精神逐步失去了自我。如何复兴中华文化,如何将之与西方物质文明有机结合,在科技力量迅猛发展的今天,已经成为一个迫在眉睫的问题。

解决这一问题不仅对于中国的未来至关重要,还关系到整个人类的命运,因为人类目前已经掌握太多自我毁灭的能力。

任重而道远,同志者——努力!

---

① 张星烺:《欧化东渐史》,商务印书馆,2011年,第3~4页。

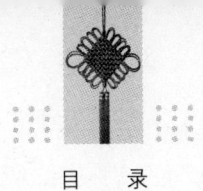

目 录

根 源 篇

河图、洛书是一万至四千多年前的五行、四时太阳历图示,是中华文化之根。这种上古中国先民生产生活中不可或缺的历法,其优美、简洁、精确的理论构建令人惊叹。在数千年的应用过程中,河图、洛书所表征的五行、四时历锁定了中国人的思维方法、文化品格和科学范式,是中华民族生生不息、绵绵不绝万年之久的文化基因,对于21世纪人类科学的进步,人类文明的可持续发展具有重要的借鉴意义。

第一章　河图、洛书图说考 …………………………………… 2
　一、图亡数存:北宋以前的河图、洛书 …………………… 4
　二、图现义乱:宋代以后的河图、洛书 …………………… 9
　三、河图图说:上古阴阳五行历概说 ……………………… 17
　四、洛书图说:上古四时八节历概说 ……………………… 28

第二章　圣人则河图、洛书画八卦考 ………………………… 36
　一、从阴阳观念到阴阳符号 ………………………………… 37
　二、从四时八节到四象八卦 ………………………………… 46
　三、从河洛数理到易经数理 ………………………………… 52

第三章　银雀山汉简与河图、洛书五行四时历 ……………… 57
　一、《禁》篇揭示的五行本义 ……………………………… 58

二、《三十时》当是齐地遗存的河图阴阳五行历…………… 63
三、《迎四时》所见洛书四时八节历………………………… 67
四、《四时令》当为"五行令"………………………………… 72
五、《五令》中隐含的五行生克关系………………………… 74

流变篇

　　从大历史的角度看，中国学术经历了五次大的变迁：从河图、洛书时代漫长的文化草创期到西周王官学的形成，一变也；东周礼崩乐坏，由王官学流变为诸子百家之学，二变也；战国、秦汉中国走向大一统，黄老之学集诸子百家之大成，三变也；汉以后，佛学大兴，道家流于道教，儒家通过改造吸收王官学、排斥诸子学逐步取得独尊地位，四变也；清末民初，面对西方列强的野蛮入侵，西学取代儒学的独尊地位，中国本土学术不绝如缕，五变也——今天，我们复兴中华文明，主要是复兴集先秦诸子百家之大成的黄老之学。并在黄老之学的基础上，理智融会庞杂的西方文化——这是21世纪中国学人不得不面对的重大历史性课题。

第一章　重新评价儒家在中国文化中的地位……………… 78
　　一、儒家针对《尚书》"下刀子"…………………………… 79
　　二、儒家拿礼、乐"戴帽子"………………………………… 84
　　三、儒家以《易》、《春秋》"掺沙子"……………………… 89

第二章　黄老之学才是中华文化的主干…………………… 95
　　一、中国学人——迷途的文化羔羊………………………… 95
　　二、黄老之学——集诸子百家之大成……………………… 99
　　三、文明复兴——路漫漫其修远兮………………………… 104

第三章　黄老道统与儒家道统……………………………… 107
　　一、黄老道统——中华文化的根柢………………………… 107

目 录

二、儒家道统——中华文化的异化 …………………………… 110
三、复兴中华道统、行人间大道 ……………………………… 115

第四章 中国现代学术的兴起与西学的中国化 ………………… 122
一、学术成为美国攫取中国核心利益的超级战略武器 ………… 122
二、中国本土学术被送入历史垃圾堆 ………………………… 128
三、移植西学过程中鄙名与伪名之灾 ………………………… 138

总 论 篇

中国古典学术相对于西方现代学术，具有精深、动态、统一的特点。从形式到内容，它都是统一的。从内容上讲，中国的知识系统分为两个互相贯通的层次。一是由道至名而至于法，分别由具有代表性的三个学派组成，即道家、名家、法家，其集大成是兴盛于战国至西汉的黄老之学；二是儒家最高"密法"，性命与天道之学，它由孔子所传，子思氏之儒发扬光大，但孟子之后已经鲜为人知。性命与天道之学是由理至性而至于命，也就是《易经·说卦传》所言的"穷理尽性以至于命"。

第一章 中国古典学术体系不是落后而是先进 ………………… 146
一、重意象而轻抽象 …………………………………………… 147
二、重事变而轻言理 …………………………………………… 150
三、重统一而轻支离 …………………………………………… 155

第二章 中国有通天人之际的大学问 …………………………… 159
一、道、名、法三者的本质及其间的辩证关系 ……………… 160
二、穷理、尽性、至于命，修养做功夫的三个步骤 ………… 166

第三章 中华文化在形式上一以贯之 …………………………… 171
一、名学与汉字同样基于意象思维 …………………………… 173
二、从名学的角度审视汉语语法单位分级 …………………… 175

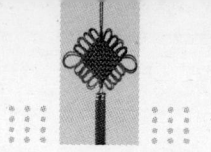

　　三、比类取象——类与象的关系是汉语结构的基础 …………… 176

第四章　修习中国文化须原道、征圣、宗经 ………………… 180

　　一、原道——本乎道 ………………………………………… 182

　　二、征圣——师乎圣 ………………………………………… 186

　　三、宗经——体乎经 ………………………………………… 189

附录一　蓝田书院，斯文在焉 ………………………………… 192

附录二　名学与中医（答王明华） …………………………… 195

附录三　节制权力·节制资本·节制欲望（答乐由） ……… 201

后　记　八年学术远征反思录 ………………………………… 208

根源篇

　　河图、洛书是一万至四千多年前的五行、四时太阳历图示，是中华文化之根。这种上古中国先民生产生活中不可或缺的历法，其优美、简洁、精确的理论构建令人惊叹。在数千年的应用过程中，河图、洛书所表征的五行、四时历锁定了中国人的思维方法、文化品格和科学范式，是中华民族生生不息、绵绵不绝万年之久的文化基因，对于21世纪人类科学的进步，人类文明的可持续发展具有重要的借鉴意义。

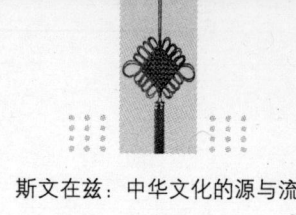

第一章 河图、洛书图说考

在中国文化史上，几乎没有什么事物像河图、洛书这样过去一千多年来聚讼纷纭，莫衷一是。直至现代，学者们还要不断地"破译"它们。造成这种现象的原因是什么呢？笔者认为，以下三方面的原因是最主要的。

一是河图、洛书图形早佚，北宋以前只保存对两图数字序列的陈述；二是至晚在战国时代河图、洛书的图与说就已经相脱离，使人们除了面壁玄想以外，几乎没有办法弄清楚两图的实际意义；二是保存在今天《管子》一书中河图说和洛书说被两两拆分为四篇，依次是：河图说《管子·五行第四十一》、《管子·幼官第八》（该篇内容与《管子·幼官图第九》几乎全同，但顺序不同）；洛书说《管子·四时第四十》、《管子·轻重己第八十五》。这种拆分进一步增加了后人理解河图、洛书真义的困难。

学界较早发现在《管子》相关篇章中存在河图、洛书文字说明的是黎翔凤先生。黎翔凤（1901～1979年），字丹池，湖北黄梅人。1925年毕业于武昌师范大学，师从黄侃，专攻汉学。从1961年开始，在辽宁大学中文系任教，直至1979年去世。1962年，黎先生鉴于郭沫若《管子集校》的诸多不足，用一年半的时间完成《管子校注》，其考证之精

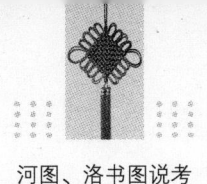

河图、洛书图说考

深,非一般学者可及;《管子校注》一书1984年由中华书局购得,正式校订出版则是在20年后的2004年6月,距该书成稿已经整整40年,距黎翔凤去世也已经25年了。

在《管子·幼官图第九》的题解中,黎先生注意到《幼官图》实为洛书,《幼官篇》为其说。他写道:"《幼官图》与《幼官篇》文字相同,重复不合理,古人决不如是之愚蠢。以屈原祖庙及长沙轶侯墓画绢例之,《幼官图》是图。是照《幼官篇》文字绘图于壁,即用《幼官篇》文字说明之。《幼官图》即是此意。郭沫若误会文义,用文分列为图而不言五帝、五兽之形象,非是。且篇中数字之意义即用《洪范》,其图为《洛书》。各书有《洛书图》,而不知即在《管子·幼官篇》中。可知图不仅是画像,即黑白点亦为图。本图、副图亦有分别者。杨忱本先西方,次南方,次中方,次北方,次中副,次北副,次东方,由左而上中下,合乎绘画顺序,郭不知也。"① 另外,在《管子校注》的序论中,黎先生着力强调了《幼官篇》居《管子》一书的"脑神经中枢,理论体系由是出焉","其数为洛书,'图'比文字重要,全书每一篇皆可于《幼官》寻其脉络"。②

后面我们将会看到,黎翔凤先生错将《幼官图》误解成了洛书,《管子·幼官第八》描述的是基于五行历的时令,是河图数才对,《幼官图》当为河图。但黎先生注意到《幼官》在集中华文化之大成的黄老经典《管子》一书中的理论核心地位,这是了不起的。因为天文历法是中华文化的本根,《幼官》是对上古阴阳五行历的解读,其当然会成为

---

① 黎翔凤:《管子校注》,中华书局,2004年,第182页。
② 黎翔凤:《管子校注》,中华书局,2004年,"序论"第21页。

《管子》"脑神经中枢","理论体系由是出焉"也就不值得奇怪了。

只可惜黎翔凤先生未将《幼官图》和《幼官篇》同天文历法联系起来,也没有能深入研究下去,否则中华文化的这一精髓会更早地为世人所认识。我们要继续这种学术开拓,恢复河图、洛书的本面目,还要从河图、洛书的流传历史说起。

一、图亡数存:北宋以前的河图、洛书

1. 河图、洛书的图形在东周已经失传

中国先秦古籍中对河图、洛书的记载很多,当时的学者大体将二者看成祥瑞之物,似乎时人已经不能清楚理解它们的实际意义。《今文尚书·顾命》最早记录了河图的存在,它是公元前1025年周康王即位之时,在先王庙东西两侧陈列的宝物之一,其重要性是不言而喻的。文中记载说,庙中有越玉五种,宝刀、赤刀、大训、大璧、琬琰,陈列在西墙向东的席前。大玉、夷玉、天球、河图,陈列在东墙向西的席前。(原文:越玉五重,陈宝、赤刀、大训、弘璧、琬琰,在西序;大玉、夷玉、天球、河图,在东序。)

三千年前的周康王时代,河图还存在,否则何以能同诸多王室宝石、典册陈列在一起?且河图当为主管宗庙礼器的天府所藏,因为《周礼·大宗伯》中说:"天府掌祖庙之守藏,凡国之玉镇大宝器藏焉。"东周时河图、洛书似乎已经失传,但作为神秘莫测的祥瑞之物,《周易》、《论语》、《墨子》、《管子》、《礼记》等古籍中都曾提及河图、洛书。

《论语·子罕》:"子曰:'凤鸟不至,河不出图,吾已矣夫!'"

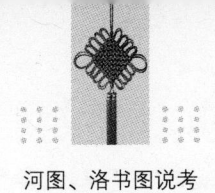

河图、洛书图说考

《墨子·非攻》："天命周文王伐殷有国。泰颠来宾，河出绿图，地出乘黄。"（《淮南子·俶真训》："古者至德之世，贾便其肆，农乐其业，大夫安其职，而处士修其道。当此之时，风雨不毁折，草木不夭，九鼎重味，珠玉润泽，洛出丹书，河出绿图。"）

《管子·小匡》："昔人之言受命者，龙龟假河出图，洛出书，地出乘黄，今三祥未有见者。"

《周易·系辞传》："是故天生神物，圣人则之。天地变化，圣人效之。天垂象见吉凶，圣人象之。河出图、洛出书，圣人则之。"

《礼记·礼运》："天降膏露，地出醴泉，山出器车，河出马图，凤凰麒麟皆在郊棷，龟龙在宫沼，其余鸟兽之卵胎，皆可俯而窥也。"

需要特别注意的是，尽管《墨子》中有河图的数字序列，《管子》四篇中完整保存着河图、洛书的图说，但在二书写定的战国时代，学人已经不能将这些数字序列与河图、洛书联系起来。这是河图、洛书的图形在东周已经失传的重要证据。所以同孔子一样，《墨子》和《管子》的作者干脆将河图、洛书视为神物。以至于西汉末年谶纬之学兴起后，许多谶纬图书托名为"河图"、"洛书"。

河图、洛书图示在东周就已失传，但其数字序列却根深蒂固地存在着。

2. 史藉中的河图、洛书数

《墨子·迎敌祠》主要讲述敌来祭神之法，言及四方与数字的关系，与河图全同，即东为八，南为七，西为九，北为六。这些数字决定了祭坛的高度、人数、弩数等等。我们以东方为例，上面说，敌人从东方来，就在东方的祭坛上迎祭神灵，坛高八尺，宽深也各八尺，由八个年龄八十岁的人主持祭青旗的仪式，安排八尺高的八位东方神，八个弓箭手,每个弓箭手射出八支箭;将领的服装必是青色,用鸡作祭品。(原文:敌以东方来,迎之东坛,坛高八尺,堂密八;年八十者八人,主祭;青旗、青神长八尺者八,弩八,八发而止;将服必青,其牲以鸡。)

《吕氏春秋》十二纪和《礼记·月令》中的四方与数字配伍与《墨子·迎敌祠》完全相同,只是多了中央为五,并努力将四季与五行、方位、数字配合起来,这显然是受了《管子》河图、洛书图说诸篇的影响。

西汉扬雄在仿《周易》而作的《太玄》中,极为细致地用文字描述了河图数字序列,好像他亲眼见过河图,否则其描述何以与河图图示几乎同出一辙?只是中间的五十两个数字有点不同。《太玄·玄图》上说:"一与六共宗,二与七为朋,三与八成友,四与九同道,五与五相守。"《太玄·玄数》还将数字与五行方位配合了起来,上面说"三八为木,为东方,为春,日甲乙","四九为金,为西方,为秋,日庚辛","二七为火,为南方,为夏,日丙丁","一六为水,为北方,为冬,日壬癸","五五为土,为中央,为四维,日戊己"。

洛书的数字序列《大戴礼记·明堂》中就有记载,其堂室是按洛书数排列的,它们是"二九四,七五三,六一八"(如图1)。

这种顺序明确显示出作为发布时令的场所,明堂与历法以及与历法同步的政令有密切的关系。《管子》中的河图说《管子·幼官第八》,据郭沫若先生考证,"幼官乃玄官之误"①,"玄宫时政犹明堂之月令

---

① 郭沫若:《管子集校》,《郭沫若全集·历史编》第五卷,人民出版社,1984年,第190页。

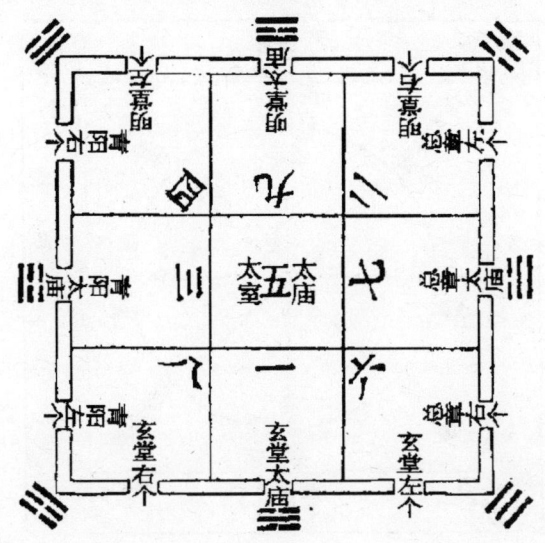

图 1　清代经学家胡渭在《易图明辨》中绘出的明堂九室图

也"。① 所以古明堂以洛书数序排列不是偶然的。

1977 年，安徽阜阳县双古堆西汉汝阴侯夏侯灶墓出土了"太一九宫占盘"（如图 2），制作年代为汉文帝七年（公元前 173 年），该漆木占盘已经有两千多年历史。

"太一九宫占盘"九宫的名称和各宫节气的日数与《灵枢·九宫八风》完全一致。李学勤先生写道："式盘下盘（地盘——笔者注）边缘上的八处文字是可以连起来读的，每处文字前头的节气都有重文号……这和《九宫八风》篇的第一段相对应，只是省去了'太一'等语及每句动词'居'字。"②

《黄帝内经·灵枢·九宫八风》记载了太一（即太乙，北辰之神）

---

① 郭沫若：《管子集校》，《郭沫若全集·历史编》第五卷，人民出版社，1984 年，第 189 页。
② 李学勤：《古文献丛论》，上海远东出版社，1996 年，第 238~239 页。

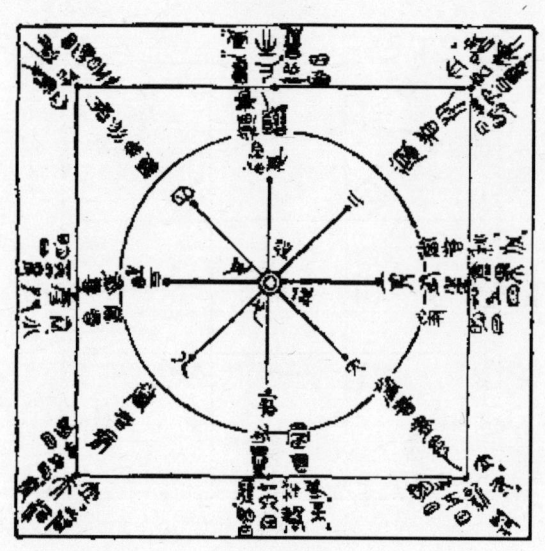

图2　西汉汝阴侯夏侯灶墓出土的"太一九宫占盘"

一年中游九宫的学说，与八节相配，上面说："太一常以冬至之日，居叶蛰之宫四十六日，明日居天留四十六日，明日居仓门四十六日，明日居阴洛四十五日，明日居天宫四十六日，明日居玄委四十六日，明日居仓果四十六日，明日居新洛四十五日，明日复居叶蛰之宫。曰冬至矣。"其图示如图3。

"太一九宫占盘"小圆盘（天盘）过圆心划四条分线，在每条等分线两端刻"一君"对"九庶民"，"二"对"八"，"三相"对"七将"，"四"对"六"，与洛书九宫布局完全符合。此图的出土表明，至晚在汉代，洛书数字序列与历法的关系还为人们所熟知，并将其应用到了医学、数术等领域。

事实上，北宋河图、洛书图示出现以前，保存二者数字序列的所有古文献几乎都在某种程度上指向二者的真义：天文历法！唐代易学家侯果明确指出："圣人法河图、洛书，制历象以示天下也。"（《周易集

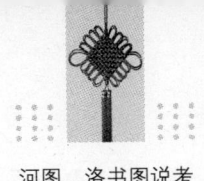

河图、洛书图说考

立夏 阴洛 四 东南方	夏至 上天 九 南方	立秋 玄委 二 西南方
春分 仓门 三 东方	招摇 五 中央	秋分 仓果 七 西方
立春 天留 八 东北方	冬至 叶蛰 一 北方	立冬 新洛 六 西北方

图3 《黄帝内经·灵枢·九宫八风》图示

解·卷十四》）

令人感到不可思议的是，北宋陈抟传出河图、洛书的图后，这个问题反而更加复杂起来，连到底哪个是河图、哪个是洛书都分不清了——因为宋以后人们早已经习惯于一年三百六十六天、一年分十二个月的阴阳合历了。

二、图现义乱：宋代以后的河图、洛书

1. 河图、洛书图形的再现及其传承

河图、洛书图形再现于北宋，由五代宋初著名道士陈抟（871～989年）传出，这一点史上并没有太多疑问。

其传承顺序，宋代名臣朱震（1072～1138年）在《汉上易解》中

说："陈抟以《先天图》传种放，放传穆修，修传李之才，之才传邵雍；放以'河图'、'洛书'传李溉，溉传许坚，许坚传范谔昌，谔昌传刘牧。穆修以《太极图》传周敦颐，敦颐传程颢、程颐。"

邵雍之子邵伯温（1057～1134年）在《易学辨惑》中亦言："陈抟好读《易》，以数学授穆修，修授李之才，之才授邵雍（尧夫）；以象学授种放，放授庐江许坚，坚授范谔昌，此一枝传于南方也。"

关于河图、洛书的传承邵说稍异于朱说，然而从中我们不难看出二者传承的基本脉络：

陈抟—种放—李溉—许坚—范谔昌—刘牧

历史上第一次将河图、洛书的图示确立起来的是范谔昌的学生北宋学者刘牧。不过他将河图视为九数的黑白点（即今人惯称的洛书），将洛书视为十数的黑白点（即今人惯称的河图），由此引发了一起"河洛之争"（亦称"图书大战"）。一派主张九数图为河图，十数图为洛书，这一派除了刘牧，还有朱震、郑樵、朱元升等；一派主张十数图为河图，九数图为洛书，此派以与刘牧同时的阮逸为代表，南宋蔡元定、朱熹赞同此说，朱熹将今天大家熟知的河图、洛书图式载于其《周易本义》的卷首，从此河图、洛书的形式固定了下来。

今天我们知道，阮逸/朱熹一派的看法是正确的。因为历史上明确记载洛书晚出于河图，我们从形式上也能清楚看到这一点。而河图代表的五行历显然早于洛书所代表的四时历，所以河图不可能是九数的黑白点。

2. 对河图、洛书真义的上下求索

有宋一代只是确定了河图、洛书的具体图式，至于河图、洛书究竟代表了什么，真可谓仁者见仁、智者见智了。

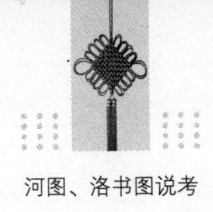

河图、洛书图说考

由于具体图形的出现，北宋以后的学者已经不再像先秦诸子那样将河图、洛书单纯看作祥瑞之物，他们开始多方猜测二者的实际意义，直至今天这种猜测还没有停止，且有愈演愈烈之势，连外星人都无辜地被牵扯了进来。

邵雍得陈抟数术之学的精华，理应早就看到过河图、洛书。邵雍注意到河图可能与天文历法有关，认为洛书与行政区域划分有关。在《皇极经世·观物外篇衍义卷四》中他说："圆者星也，历纪之数其肇于此乎？方者土也，画州并土之法其仿于此乎？盖圆者，河图之数。方者，洛书之文。故羲文因之而造《易》，禹箕叙之而作《范》也。"

显而易见，邵雍也不能肯定河图、洛书的实质，之后诸多学者多流于面壁玄想。至于现代的所谓科学"破译"，更是五花八门——有的说河图是古气候图，洛书为古方位图；有的说河图、洛书是古星象图；有的说河图、洛书是十进位计算法；有的说河图、洛书是道教炼丹图，不一而足。

当然，也有学者从考古学、民族学、文献等方面考证，指出河图、洛书实为古代历法，甚至明确指出其为上古十月历。令人感到遗憾的是，这些学者没有能够将河图、洛书之图与《管子》中保存的河图、洛书之说有机结合起来，常常使其考证谬误百出——由于他们的探索对于我们的研究有重要的启迪作用，所以有必要简单介绍一下他们的研究成果。

洛阳易经学会副会长、洛阳大学兼职教授尚惠民先生主要利用考古资料研究河图、洛书的起源。这些考古资料包括1987年的两大考古发现，一是河南濮阳西水坡45号墓发现了6500年前的蚌塑北斗青龙白虎图；二是安徽含山县长岗乡凌家滩距今5000年的新石器遗址出土了玉龟衔玉版图。尚先生认为"这些新石器的文物发现，为我们解开《河图》、《洛书》之谜提供了新的条件"①。

尚惠民先生面对冷冰冰的考古资料进行了大胆的逻辑构建，这种探索精神是值得赞许的，但其结论常常显得过于牵强。比如对于与安徽含山玉龟玉版同时出土的玉人（如图4），他就进行了大胆而事实上毫无根据的推论，他说："这个含山玉人，俨然是一个古代'传天数者'的形象。他高高的站立着，沿用始祖伏羲'近取诸身'的方法，以自己的身体打着比方，传授着世世代代传下来的天文和历法知识。'头之圆也象天，足之方也象地'（《淮南子·精神训》）。玉人头顶笠形盖天冠，象征天似盖笠。略成斗方形的面部，象征北斗星的斗魁。斗魁璇玑所在的北极，就是天穹'盖笠'的中央。这是从伏羲氏时代，已经存在的盖天宇宙观念。玉人直立的身体，象征与人身同高的八尺髀表。髀表又称圭表。刻在玉人手臂上的圭表纹，象征立竿测影确定的八节历法。玉人伸出自己的双手，以左右手各五指，表示上半年和下半年各五个月，寓意的是十月太阳历。"②

图4 与安徽含山玉龟玉版同时出土的玉人

---

① 尚惠民：《河图、洛书正义》，网址：http://www.lnjjw.gov.cn/Article/ShowArticle.asp?ArticleID=234，访问日期：2012年4月9日。

② 尚惠民：《河图、洛书正义》，网址：http://www.lnjjw.gov.cn/Article/ShowArticle.asp?ArticleID=234，访问日期：2012年4月9日。

河图、洛书图说考

尚先生大体就是在如此这般"大胆假设"的基础上得出了以下结论：

"我们发现含山玉龟玉版图中的所有内容，即盖天思想、天文观测体系、立竿测影方法、伏羲十月八节历法系统，经过数理处理后全部体现在《洛书》数当中。顺时分布的一、八、三、四、九、二、七、六数点，每一个数点都有它多重的象数含义。《洛书》不仅是十月八节历法图、气候图、方位图、也是盖天观念与立竿测影方法结合的天文盖天图。"①

"《河图》是伏羲十月八卦太阳历与女娲十二月太阴历的合和图，是我国的第一部阴阳合历的数理图式。'河'、'合'同音，河图即'合图'。这就是《河图》秘密的谜底！"②

河图一下就变成了"合图"，这类建立在对神话重新解读基础上的推理实在让人难以认同。笔者也认为含山玉版与洛书有一定的亲缘关系，但这种关系的确立仍旧需要大量考古学、民族学和文献资料的支持。我们搞学术研究，除了"大胆假设"，还要"小心求证"才行，决不能信口开河！

2009 年 3 月号《中州学刊》刊出了刘明武先生的《河图、洛书中的两种太阳历——彝族文化中的图书及其解释》一文，他注意到与汉族同源的彝族文化中存在河图、洛书，并将之与彝族保存的上古十月太阳历联系起来。刘明武先生依赖的文献则是彝族经典《土鲁窦吉》。他的

---

① 尚惠民：《河图、洛书正义》，网址：http：//www.lnjjw.gov.cn/Article/ShowArticle.asp?ArticleID=234，访问日期：2012 年 4 月 9 日。
② 尚惠民：《河图、洛书正义》，网址：http：//www.lnjjw.gov.cn/Article/ShowArticle.asp?ArticleID=234，访问日期：2012 年 4 月 9 日。

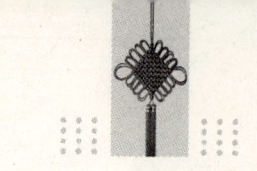

斯文在兹：中华文化的源与流

结论是："洛书在先，河图在后；洛书中含有的是十月太阳历，河图中含有的是十二月历，这种解释出现在《土鲁窦吉》一书中。"①

彝族文化与华夏文化存在共源与发展中相互影响的关系，且不谈彝族文化中的河图、洛书是否受了中原文化的影响，单就刘先生的推理来看，也显得极为牵强。比如他指出：

"洛书中的天地之数可以论时间，论时间中的年月日，论一年中的365.25天。具体的论述如下：

"以阳数九论夏季72天，以阳数一论冬季72天，以阳数三论春季72天，以阳数七论秋季72天。这里四个72天，分布在洛书的四方。

"以阴数八论冬春之间的18天，以阴数二论夏秋之间的18天，以阴数六论秋冬之间的18天，以阴数四论春夏之间的18天。这里四个18天，分布在洛书的四隅。

"$72 \times 4 = 288$，$18 \times 4 = 72$，$288 + 72 = 360$（天）。四个阳数四个阴数表达了一年五季，表达了360天。

"阳数五，为中央中枢之数，对应的是季夏。"②

好个"论"，刘明武先生简直在作拼图游戏。《周易》研究中长期以来玄而又玄的"玄学"传统该结束了！

最后需要详细介绍一下陈久金先生的研究成果。陈先生是中国科学院自然科学史研究所研究员，曾经对四川大凉山和云南小凉山地区作过实地调查，对彝族保存的古代十月历有着深入的研究，同彝族学者卢

---

① 刘明武：《河图、洛书中的两种太阳历——彝族文化中的图书及其解释》，载《中州学刊》2009年3月号。

② 刘明武：《河图、洛书中的两种太阳历——彝族文化中的图书及其解释》，载《中州学刊》2009年3月号。

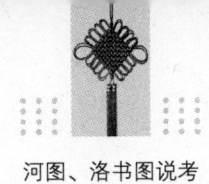

河图、洛书图说考

央、刘尧汉著《彝族天文学史》一书,该书由云南人民出版社1984年4月出版。

陈先生注意到,尽管彝族支系很多,又分隔久远,但他们所用的十月历仍有以下共同特征:

(1) 一年都分上下两个半年,每隔半年过一次新年。

(2) 一年都分土、铜、水、木、火五季,每季都分公母两个"特补特摩"(意为时节),每个特补特摩包括三十六天,相当于一个月。

(3) 一年十个月,共三百六十天,其余五至六天都作为过年日,不计在月内。

(4) 都用十二生肖记日,每月三周,一年恰为三十个十二生肖周。①

彝族十个月依五行顺序分为:一月土公,二月土母;三月铜公,四月铜母;五月水公,六月水母;七月木公,八月木母;九月火公,十月火母;彝族人的置闰方法是每隔四年有一闰年,就是将过年日延长到六天,由此得到的回归年平均长度为365.25日,它与回归年的时间长度365.2422日密合。② 难怪刘尧汉、卢央二位教授明确断言:"它一年各月的日数整齐,季节准确,其科学性优于现行公历,其历史悠久万年以上。"③

陈久金先生的一个重大发现是:五行的本来意义是一年中的五时或五季,是一种十月太阳历。他引用诸多古文献证实:"早期的五行决不是单纯地指五种物质材料,也不是指一种抽象的哲学概念,而是指一年

---

① 陈久金:《阴阳五行八卦起源新说》,载《自然科学史研究》1986年第2期。
② 陈久金、卢央、刘尧汉著:《彝族天文学史》,云南人民出版社,1984年,第351页。
③ 刘尧汉、卢央:《文明中国的十月太阳历》,云南人民出版社,1986年,封面折页。关于彝族十月太阳历相对于现行公历的优点及其科学意义,感兴趣的读者可以参阅陈久金、卢央、刘尧汉著:《彝族天文学史》,云南人民出版社,1984年,第171~174页。

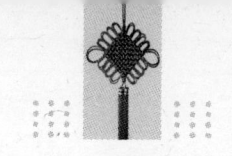

中的五时或五季。四时之说是后起的，在此之前只有五行而无四时。这说明在上古时代曾经存在一种一年分为五时或五季的历法系统，即十月太阳历。"① 他甚至注意到："《管子·五行篇》和《幼官图》的记载加在一起，正好反映出中国上古十月历完整的内容。"② 并引用《管子》中这两篇文章的内容证明自己关于五行的观点。

陈久金先生进一步指出，历史上传说的伏羲受河图、禹受洛书，是说天授予他们象征王权的历法。河图、洛书表示的是十月历的月序（用圈点数显示）。只是"河图还保留着十月历的大致形态，而洛书则为了满足数学和逻辑方面的需要，作了很大的调整，已经成了抽象的哲理性的东西了"③。

通读陈久金先生《阴阳五行八卦起源新说》一文，使笔者感到陈先生仿佛站在了历史真相的门口，在《中国天文大发现》一书中，他甚至提到"阴阳五行历"的细节。④ 但他关于河图、洛书的结论最多也只对了一半。河图的确表示的是一年五季（五行）的十月太阳历，但洛书表示的却不是十月历月序，也不是"抽象的哲理性的东西"，而是一年四季八节的太阳历。进而言之，河图、洛书是古代的四时五行历图示，《管子·五行第四十一》（即陈先生说的《管子·五行篇》）和《管子·幼官第八》（《管子·幼官图第九》）对应的是河图的说，《管子·四时第四十》和《管子·轻重己第八十五》对应的是洛书的说。兹分述如下。

---

① 陈久金：《阴阳五行八卦起源新说》，载《自然科学史研究》1986 年第 2 期。
② 陈久金：《阴阳五行八卦起源新说》，载《自然科学史研究》1986 年第 2 期。
③ 陈久金：《阴阳五行八卦起源新说》，载《自然科学史研究》1986 年第 2 期。
④ 陈久金、张明昌：《中国天文大发现》，山东画报出版社，2008 年，第 24 ~ 28 页。

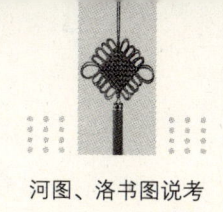

三、河图图说：上古阴阳五行历概说

1. 阴阳五行历的理论构建不同于现代西方科学

《汉书·艺文志》术数中在天文、历谱后即讲五行，其中有早已佚失的"四时五行经二十六卷"和"阴阳五行时令十九卷"。五行类叙云："五行者，五常之形气也。《书》云：'初一曰五行，次二曰羞用五事。'言进用五事以顺五行也。貌、言、视、听、思心失而五行之序乱，五星之变作，皆出于律历（乐律和历法——笔者注）之数而分为一者也。"

作者说得很清楚，"四时五行经"、"阴阳五行时令"源于历法——只不过上古四时八节历（即四时历）和阴阳五行历（即五行历）距汉代太远，已经从"序四时之位，正分至之节，会日月五星之辰，以考寒暑杀生之实"的历谱中分立出来而已。

上古阴阳五行历图示即河图。这种历法的理论构建完全不同于现代西方科学，它不是在实验条件下，以抽象思维为基础的。而是从整体上把握事物的本质，用动态的形象加以描述。此一最早应用于农业时代、与生产生活最为密切的历法铸就了中国科学的原型。

中国这种独特的科学范式用《易经》上的话说就是："立象尽意"、"极数定象"。

"立象尽意"，语出《易经·系辞上》："'书不尽言，言不尽意。'然则圣人之意，其不可见乎？子曰：'圣人立象以尽意，设卦以尽情伪，系辞焉以尽其言。'"唐代孔颖达疏曰："'圣人立象以尽意'者，虽言

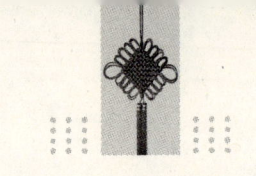

不尽意,立象可以尽之也。'设卦以尽情伪'者,非唯立象以尽圣人之意,又设卦以尽百姓之情伪也。'系辞焉以尽其言'者,虽书不尽言,系辞可以尽其言也。"

那么什么是象呢?《易经·系辞上》的作者接着解释说:"是故夫象,圣人有以见天下之赜(音zé,意为深奥、玄妙——笔者注)而拟诸其形容,象其物宜,是故谓之象。"简单说,就是用具体的形象来表达天下万物复杂的运动过程。在阴阳五行历中,是以阴阳和五行这些动态形象来表征时序,五行即水、火、木、金、土,每行中各有阴阳(天地、奇偶),它们表征的动态性质分别为:"水曰润下,火曰炎上,木曰曲直,金曰从革,土爰稼穑。"(《尚书·洪范》,此句大意是:水向下润湿;火向上燃烧;木可以弯曲、伸直;金属可以顺从人意改变形状;土壤可以种植百谷。)

阴阳、五行诸象在历法中进行推演,需要对五行确定数值和数序,这就是"极数定象"。《易经·系辞上》上说:"参伍以变,错综其数。通其变,遂成天下之文;极其数,遂定天下之象。"孔颖达疏曰:"'参伍以变'者,参,三也。伍,五也。或三或五,以相参合,以相改变。略举三五,诸数皆然也。'错综其数'者,错谓交错,综谓总聚,交错总聚其阴阳之数也。'通其变'者,由交错总聚,通极其阴阳相变也。'遂成天地之文'者,以其相变,故能遂成就天地之文。若青赤相杂,故称文也。'极其数,遂定天下之象'者,谓穷极其阴阳之数,以定天下万物之象。"

据《尚书·洪范》,五行对应的数值分别为:"一曰水,二曰火,三曰木,四曰金,五曰土。"由于上古阴阳五行历是十个月,所以由五行又推演出十月,据《易经·系辞上》,其阴阳关系分别为:"天一、地

二、天三、地四、天五、地六、天七、地八、天九、地十。""天数五，地数五，五位相得而各有合。"孔颖达疏曰："若天一与地六相得，合为水，地二与天七相得，合为火，天三与地八相得，合为木，地四与天九相得合为金，天五与地十相得，合为土也。"这就是河图中气温相对的月份按五季（行）组合的形式。

在阴阳五行历中，天数用白点表示，地数用黑点表示。天地之数形成了上古五行历的基本月序，河图即是对这种阴阳五行历的图示。其中居同一方位上的两个月气温是相对的，两个月相隔半年（五个月），这些"相得"月份分别是：一月和六月，二月和七月，三月和八月，四月和九月，五月和十月。（如图5）

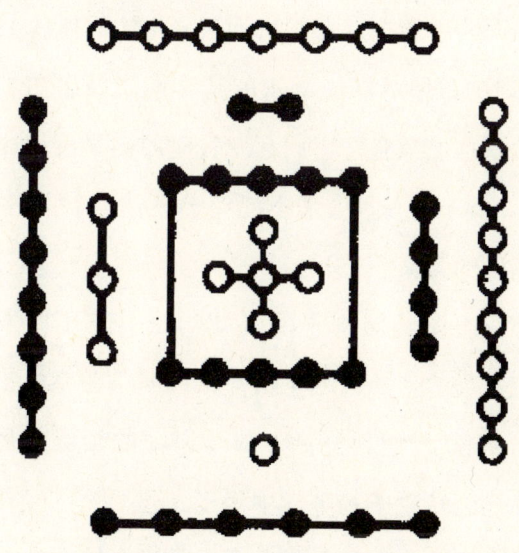

图5　阴阳五行十月历图示——河图

如果将建立在抽象思维基础上的现代科学称为抽象科学的话，我们不妨将发端于上古阴阳五行历"立象尽意"、"极数定象"的中国科学范式称为意象科学。这种科学范式直至今天还在中医中被系统地应用

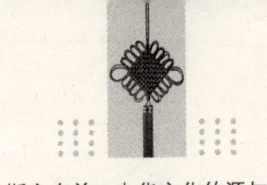

斯文在兹：中华文化的源与流

着——而且中医也主要是取阴阳五行之象。著名中医吕嘉戈在谈到中医取象比类思维方法时这样写道："它要求人们在认识事物时，不能脱离宏观，每一事物都具备地球万物宏观的阴阳五行属性，在把握每一具体事物的宏观时，还要注意与此事物相互联系的其他事物和因素，这就是取象比类方法。"①

《尚书·洪范》是殷纣王的大臣箕子向周武王讲述的治国大法，代表着三千年前殷周之际最基本的人文理论。其中的五行说已经完全不同于古希腊恩培多克勒的四元素（elements）理论，李约瑟博士注意到了这一点，他谈到《尚书·洪范》的五行本义时写道："五行的概念倒不是一系列五种基本物质的概念（粒子未入这个问题），而是五种基本过程的概念。中国人的思想在这里独特地避开本体而抓住了关系。"② 他进而写道："五行理论乃是对具体事物的基本性质做出初步分类的一种努力，所谓性质，就是说只有在它们起变化时才会显现出来的性质。因此人们常常指出，element 一词从来不能充分表达'行'字……它的词源从一开始就有运动的含义。"③

我们不得不佩服李约瑟博士的真知灼见。避开本体论、还原论倾向，用表征动态过程的形象说明宇宙复杂的时空关系，正是中国意象科学的基本特征。从 20 世纪初开始，科学研究的领域越来越微观，越来越复杂，在本体已经从量子物理学中消逝，还原论已经在分子生物学中走入逻辑混乱的今天，意向科学的重要性是显而易见的。

---

① 吕嘉戈：《中国哲学方法》，上海中医药大学出版社，2007 年，第 48 页。
② ［英］李约瑟：《中国科学技术史》第二卷，科学出版社等，1990 年，第 266 页。
③ ［英］李约瑟：《中国科学技术史》第二卷，科学出版社等，1990 年，第 266～267 页。

可喜的是，中国科学工作者在某些领域已经开始有意识地应用意象思维方法。比如在地震学领域，他们不再单纯用研究地层结构运动的方法预测地震，而是从天文圈、大气圈、生物圈、水圈、地层圈等视域取诸象，用以预测地震，取得了较好的效果。

通过对《管子》中遗存的阴阳五行历的解读，我们看到，意象科学所达到的理论之简洁、优美、精确，足以令21世纪的我们感到惊讶。

2. 阴阳五行历历谱

《管子·五行第四十一》和《管子·幼官第八》是河图的图说。对于"幼官"的本义，郭沫若在其《管子集校》中曾旁征博引、详加考证，认为"幼官"当作"玄官"，即发布时令的明堂。"《周礼·媒氏疏》引《圣证论》、《管子篇》、《时令》云'春以合男女'，'合男女'正见此篇，是此篇亦名'时令'。'幽宫时令'犹之《月令》亦名《明堂月令》。《幼官图》即《明堂图》之类也。"[①]

《三辅黄图》有："明堂者，明天道之堂，所以从四时，行月令，宗祀先王，祭五帝，故谓明堂。"观《管子·五行第四十一》和《管子·幼官第八》，其内容同明堂月令一样，完全是讲由天文（天道）推演人事、顺天时以行政令的，是中国先民天人合一思想的集中体现。用《管子·五行第四十一》上的话说就是："……作立五行以正天时，五官以正人位。人与天调，然后天地之美生。"用《管子·四时第四十》上的话说就是："令有时。无时则必视，顺天之所以来……唯圣人知四时。不知四时，乃失国之基。"

---

① 郭沫若：《管子集校》，《郭沫若全集·历史编》第五卷，人民出版社，1984年，第189页。

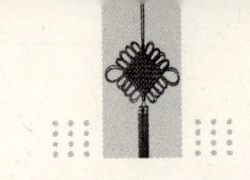

成就天地之美，也就成就了人类的可持续发展，这是中华民族生生不息的文化基因。后来中国古典经济理论中的自然原则即脱胎于此。①

因天时，行人事，做到令有时，政治经济政策遵从天地自然法则，首先要制定历法——为了使读者更清楚地了解上古阴阳五行历及其相对应的时令，我们将《管子·五行第四十一》和《管子·幼官第八》浓缩成一张表格，如表1：

表1　　　　　　　　河图阴阳五行时令一览表

五行（季）	比类	干支	五官	天数	生数	五色	五味	五音	五气	五方
木		甲子	士师	72日	8	青	酸	角	燥	东
火		丙子	行人	72日	7	赤	苦	羽	阳	南
土		戊子	司徒	72日	5	黄	甘	宫	和	中
金		庚子	司马	72日	9	白	辛	商	湿	西
水		壬子	李人	72日	6	黑	咸	徵	阴	北
出处：《官子·五行第四十一》					出处：《官子·幼官第八》					

注：1. "李人"原作"使人"，据张佩纶说改。为刑官，岁终决狱。

2. 关于五行对应的方位，《幼官第八》中有"此居图方中"、"此居于图东方方外"、"此居于图南方方外"、"此居于图西方方外"、"此居于图北方方外"这类用语。

3. "比类"中我们并未列入"五井"、"五兽"、"五兵"之类，因为它们与本文讨论的内容关系不大。感兴趣的朋友可以参看《管子·五行第四十一》和《管子·幼官第八》原文。

从表1中我们看到，河图代表的阴阳五行历与彝族保存的古代十月历十分相似，它的一年是从冬至后的甲子日算起，就是《管子·五行第四十一》讲的："日至，睹甲子木行御。"分为木、火、土、金、水五季，每季72天，一年共计360天。

---

① 翟玉忠：《国富策：中国古典经济思想及其三十六计》，中国友谊出版公司，2010年，第58~60页。

然而，关于阴阳五行历的具体内容，还有太多的问题需要进一步讨论。

首先，阴阳五行历每季是不是也同彝族十月太阳历那样分为阴阳两个月？从河图的图示看，显然是分的；另外我们也可以从古文献上证明。一些中医界的学者注意到，《黄帝内经》中一些重要理念只能用十月历才能得到合理的解释。[①]

事实上《黄帝内经》除了保存了河图数序，还包含着上古十月历的重要内容。《黄帝内经》关于十月太阳历的内容主要集中于《素问·金匮真言论》和《素问·藏气法时论》中，我们将其中与十月历相关的内容辑录如表2：

表2　　　《黄帝内经》关于十月太阳历的主要内容

五方	五色	五脏	五味	其类	五音	其数	五脏	所主	其日
东	青	肝	酸	木	角	8	肝	春	甲乙
南	赤	心	苦	火	徵	7	心	夏	丙丁
中	黄	脾	甘	土	宫	5	脾	长夏	戊己
西	白	肺	辛	金	商	9	肺	秋	庚辛
北	黑	肾	咸	水	羽	6	肾	冬	壬癸
出处：《素问·金匮真言论》							出处：《素问·藏气法时论》		

参照《河图阴阳五行时令一览表》，读者很快就会发现，二者除了"五音"中"羽"与"徵"的对应相反外，其他五行、五色、五方、五味、数字的对应完全相同。我们有理由推断，《黄帝内经》的基本理论是基于上古阴阳五行历。那么《素问·藏气法时论》中"肝主春……其日甲乙"，"心主夏……其日丙丁"，"脾主长夏……其日戊己"，"肺主

---

① 贺娟：《上古五行十月历在〈黄帝内经〉理论中的应用》，载《中华中医药杂志》2009年第9期。

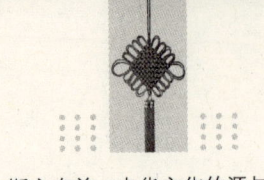

秋……其日庚辛"，"肾主冬……其日壬癸"，这些又是什么意思呢？特别是长夏，如果真如多数注家所指出的那样为夏季最后一个月季夏，何以说"其日戊己"？时间上与其他脏象明显不同？事实上《素问·阴阳类论》明确指出："春甲乙青，中主肝，治七十二日，是脉之主时。"这明明是说，春五色属青，天干属甲乙，共七十二日。

陈久金先生曾引用《史记·律书》和《汉书·律历志》考证出，天干、地支本来都是用来记月的，天干对应的是十月太阳历的十个时节。① 若如《素问·阴阳类论》所述甲乙对应七十二日，显然是指甲月对应三十六日，乙月对应三十六日，由此我们可以依次推出阴阳五行历的十月月序，分别是甲、乙、丙、丁、戊、己、庚、辛、壬、癸，每月三十六天；另外，《银雀山汉墓竹简·曹氏阴阳》专讲天地四时、万物的阴阳，上面就提到："甲丙戊庚壬，阳也。乙丁己辛癸，阴也。"中国传统医家也认为甲属阳木、乙属阴木、丙属阳火、丁属阴火、戊属阳土、己属阴土、庚属阳金、辛属阴金、壬属阳水、癸属阴水，其阴阳属性与河图黑白点相同。这说明，天干是有阴阳之分的——阴阳五行历的月份亦当如此。

其次，阴阳五行历是不是如彝族十月太阳历那样有五、六天作为过年日？阴阳五行历不仅在《管子》河图诸说中有详细记载，在《淮南子·天文训》和董仲舒《春秋繁露·治水五行》中都有记载，二者除了记载历法，也简要记载时令，大体内容相同，但前者更为详细，其中关于历法部分如下：

"日冬至子午，夏至卯酉，冬至加三日，则夏至之日也。岁迁六日，

---

① 陈久金：《天干十日考》，载《自然科学史研究》1988年第2期。

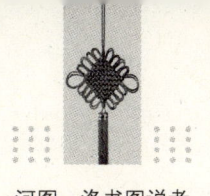

河图、洛书图说考

终而复始,壬午冬至,甲子受制,木用事,火烟青。七十二日,丙子受制,火用事,火烟赤。七十二日,戊子受制,土用事,火烟黄。七十二日,庚子受制,金用事,火烟白。七十二日,壬子受制,水用事,火烟黑。七十二日而岁终,庚子受制。岁迁六日,以数推之,七十("七十","七"字衍——笔者注)岁而复至甲子。"这段话大意是说:冬至日通常在子日或午日,夏至日通常在卯日或酉日。冬至的日子加上三天就是夏至的日子。而从夏至到下一个冬至则日子移迁六天。这种加三迁六现象一年一循环,周而复始。如果冬至壬午日,那么甲子受命起行主管时节,这时木气为主宰,火烟呈青色。从冬至七十二天后,丙子受命起行主管时节,这时火气为主宰,火烟呈红色。再过七十二天后,戊子受命起行主管时节,这时土气为主宰,火烟呈黄色。再过七十二天后,庚子受命起行主管时节,这时金气为主宰,火烟呈白色。再过七十二天后,壬子受命起行主管时节,这时水气为主宰,火烟呈黑色。再过七十二天一年结束,下一年庚子受命起行主管时节。每年移迁六天,按这个数字来推算,十年又回到冬至甲子。

这简直是《河图阴阳五行时令一览表》的简化版,其五行、干支、五色、天数与《河图阴阳五行时令一览表》完全相同,所不同的是,它强调了夏至和冬至的算法。作者说冬至日通常在子日或午日,夏至日通常在卯日或酉日。冬至的日子加上三天就是夏至的日子。而从夏至到下一个冬至则日子移迁六天。这种"加三迁六"现象一年一循环,周而复始。每年移迁六天,按这个数字来推算,十年又回到冬至甲子受命起行主宰时节。显然,一年被当作三百六十六天,才会有"岁迁六日"的现象,因为一年只按五个七十二天,即三百六十天计算,则夏至和冬至都不需要"迁"了,所以说上古阴阳五行历中必然

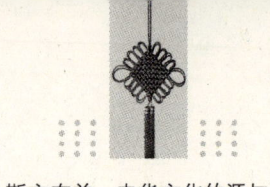

有五、六天的过年日。

陈久金先生曾在其长文《腊日节溯源》中考证说，腊日是上古十月太阳历的新年节日，十月太阳历一年为三百六十日，余下的五天至六天就作为过年日，不计在月内。他引唐朝成伯屿《礼记外传》和蔡邕《独断》来证明自己的观点。成伯屿《礼记外传》谈到"休废日"为腊日，文中说："周木德，汉火德，各以其五行之日为祖，其休废日为腊也。"蔡邕《独断》则明确指出腊日辞旧迎新为五天，说："迎送凡田猎五日。腊日，岁终大祭，纵吏民宴饮。"①

中国古籍中记载上古十月历过年习俗的不少。其中东汉崔寔的《四民月令》记载最详，文中说："前除二日，斋、馔扫涤。遂腊先祖、五祀。其明日，是谓小新岁，进酒降神，其进酒尊长，及修刺贺君、师、耆老，如正日。其明日，又祀，是谓蒸祭。后三日，祀冢。事毕，乃请召宗族、婚姻、宾旅，讲好和礼，以笃恩纪；休农息役，惠必下浃。"按照《四民月令》，腊前后共六日。另据《汉书·武帝纪》载："三月，行幸河东，祠后土，令天下大酺、腰五日，祠门户，比腊。"这里祠后土所行大酺、腰皆五日，是比照腊，为五日。由此我们可推知上古确曾存在为期五、六天的过年日，腊日即为其遗俗。至于后来腊日改为农历十二月二十八，则是佛教传入东土很久以后的事了。

最后需要弄清楚的是，阴阳五行历的节气是如何安排的，因为在《管子·幼官第八》曾提到一种每节十二天的三十个节气，并将他们不均匀地安排在了四季中，如下：

春（八节）：地气发、小卯、天气下、义气至、清明、始卯、中卯、

---

① 《陈久金集》，黑龙江教育出版社，1993年，第76~97页。

下卯。

夏（七节）：小郢、绝气下、中郢、中绝、大暑至、中暑、小暑终。

秋（八节）：期风至、小酉（本季中"酉"字原作"卯"，据安井衡说改——笔者注）、白露下、复理、始节、始酉、中酉、下酉。

冬（七节）：始寒、小榆、中寒、中榆、大寒、大寒之阴、大寒终。

上述节气，如清明、大寒等仍保留在现行农历的二十四节气中，可知《管子·幼官第八》为二十四节气的重要源头。问题是，三十节配四季显然很不规整，因为土季七十二天一下变得没有节气，这显然是不可能的。三十节当配五季十月，每季六节，每月三节。我们注意到，这种配置与彝族十月历每月三节的配置完全相同。①

那么，为什么三十节会被硬塞入四季中呢？这可能是由于《管子》写定于战国时期，而四时八节历脱胎于阴阳五行历，二者同时应用过，所以必然会有相互调节的倾向，这在《管子》河图、洛书的诸说中例子很多。比如《管子·五行第四十一》竟有"六月日至"一语，这显然是四时八节历的内容，却放在了对阴阳五行历的说明中。上面还提到"经纬日月"，《管子·幼官第八》甚至用"正月朔日"表示正月初一，而四时八节历、阴阳五行历同月相根本没有关系——这就如身处现代的我们不得不用"月"这个概念来表达太阳历中与农历中的月相对应的时段一样。

---

① 刘尧汉：《彝族文化放言》，湖北教育出版社，2007年，第201～205页。

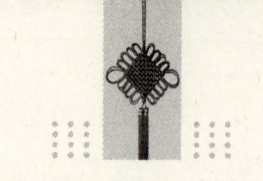

另外，阴阳五行历是不是如彝族十月历太阳历那样以十二兽轮流记日？我们不得而知。《管子》中的干支记日显然是写定年代的产物——尽管我们知道，三千多年前商代甲骨刻辞中已经用干支记日，但对于阴阳五行历的记日方法，依然不可考。从《管子·幼官第八》明确记载每个节气十二天看，当时的记日方法当以十二天为周期，可能与十二生肖或十二地支相关。

综合上面的考证，我们列阴阳五行历历谱如表3：

表3　　阴阳五行历历谱

一年	太阳回归年（365～366）										5～6 过年日/休废日/腊日
天数	360										
五季	木		火		土		金		水		
天数	72		72		72		72		72		
十月	阳木 甲	阴木 乙	阳火 丙	阴火 丁	阳土 戊	阴土 己	阳金 庚	阴金 辛	阳水 壬	阴水 癸	
天数	36	36	36	36	36	36	36	36	36	36	
节气	地气发 小卯 天气下	义气至 清明 始卯	中卯 下卯 小郢	绝气下 中郢 中绝	大暑至 中暑 小暑终	期风至 小酉 白露下	复理 始节 始酉	中酉 下酉 始寒	小榆 中寒 中榆	大寒 大寒之阴 大寒终	
天数	12 12 12	12 12 12	12 12 12	12 12 12	12 12 12	12 12 12	12 12 12	12 12 12	12 12 12	12 12 12	

四、洛书图说：上古四时八节历概说

1. 四时八节历历谱

洛书的图说是《管子·四时第四十》、《管子·轻重己第八十五》。也像河图图说一下，我们将两篇文章的主要内容浓缩成一张表格，如表4：

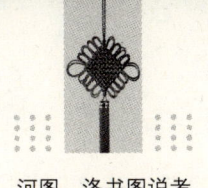

河图、洛书图说考

表 4　　　　　洛书四时八节时令一览表

四时(季) \ 比类	方位	天体	主掌	其气	所生	德性	天干	节气	天数	服色	农事
春	东	星	发	风	木与骨	嬴育	甲乙	立春	45日	青	耕
								春分	45日		
夏	南	日	赏	阳	火与气	养长	丙丁	立夏	45日	黄	耘
								夏至	45日		
秋	西	辰	收	阴	金与甲	聚收	庚辛	立秋	45日	白	获
								秋分	45日		
冬	北	月	罚	寒	水与血	闭藏	壬癸	立冬	45日	黑	藏
								冬至	45日		
出处:《管子·四时第四十》								出处:《管子·轻重己第八十五》			

注：1. "嬴育"，犹孕育。
　　2.《管子·轻重己第八十五》中天体配置同《管子·四时第四十》比较，不全且极混乱，未列入上表。
　　3. 四时八节历中一年分为刑德两期，即《管子·四时第四十》中所说的："德始于春，长于夏；刑始于秋，流于冬。""是故阴阳者，天地之大理也；四时者，阴阳之大经也；刑德者，四时之合也。刑德合于时则生福，诡则生祸。"古人重时令如此！

　　从表 4 中我们看到，洛书八节按气温相对排列，相对的两节值相加是十，每节主四十五天，正好与洛书的总点数相合（如图 6）。

　　这里需要我们进一步解决的问题是，洛书所示四时八节历的月是如何分配的。《管子·四时第四十》有"春三月"、"夏三月"、"秋三月"、"冬三月"这类用语，以述四时之政，说明四时八节历每季为三个月。另外，《管子·轻重己第八十五》中说："秋日至始，数九十二日，天子北出九十二里而坛，服黑而絻黑，朝诸侯卿大夫列士，号曰发繇。趣山人断伐，具械器；趣菹人薪雚苇，足蓄积。三月之后，皆以其所有易其所无，谓之大通三月之蓄。"这段话是说秋分至冬至历九十天，经三个月，则每月三十天无疑，可知上古四时八节历是每季两节，三个月，一

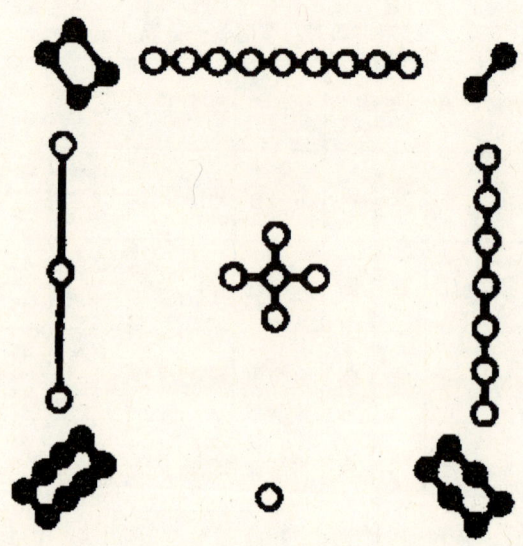

图 6　四时八节历图示——洛书

年四季共十二个月。如果阴阳五行历是用十天干记月,那么我们可以推想四时八节历可能是用十二地支记月。

其次,四时八节历过年是如何安排的。《管子·四时第四十》与《管子·幼官第八》完全不同,中央土没有具体的时令,只是说其德如何如何,上面说:"其德和平用均,中正无私,实辅四时:春嬴育,夏养长。秋聚收,冬闭藏。大寒乃极,国家乃昌,四方乃服,此谓岁德。岁掌和,和为雨。"土,数五,似乎与岁有关;另外,从洛书传承自河图来看,显然四时八节历应同阴阳五行历一样有五至六天的过年日。

最后,四时八节历的节气是如何分配的。表面看来,八节比三十节更粗糙,实际上八节与诸多天文点明显对应,是历法精确进步的标志(如图7)。

至于四时八节历的节气,一个合理的解释是,它应处在阴阳五行历至农历二十四节气的某种过渡阶段,今天我们所看到的就是八节,每节

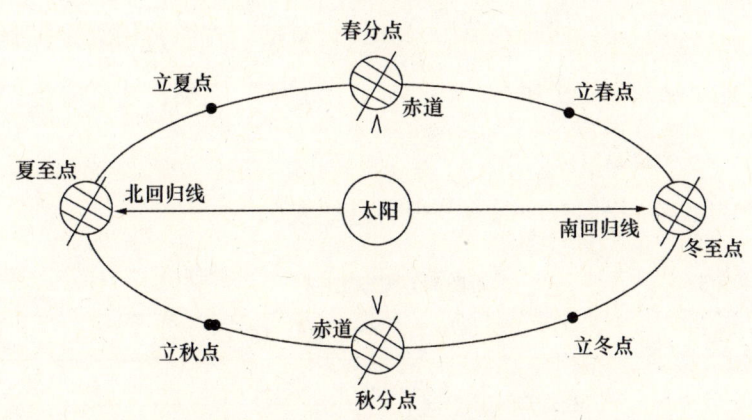

图7 四时八节历中相对应的天文点

主四十五天。

这与《淮南子·天文训》上记述的每节所主日期是一样的。上面说:"距日冬至四十五日,条风至;条风至四十五日,明庶风至;明庶风至四十五日,清明风至;清明风至四十五日,景风至;景风至四十五日,凉风至;凉风至四十五日,阊阖风至;阊阖风至四十五日,不周风至;不周风至四十五日,广莫风至。"此段大意是说:冬至日以后四十五天立春时条风到;条风到后四十五天春分时明庶风到;明庶风到后四十五天立夏时清明风到;清明风到后四十五天夏至时景风到;景风到后四十五天立秋时凉风到;凉风到后四十五天秋分时阊阖风到;阊阖风到后四十五天立冬时不周风到;不周风到后四十五天冬至时广莫风到。

《淮南子·天文训》所述九宫八风与《灵枢·九宫八风》、西汉汝阴侯夏侯灶墓出土的"太一九宫占盘"每节所主日期不同。这是因为《淮南子·天文训》属四时八节历,每节仍为规整的四十五天,一年三百六十天;而《灵枢·九宫八风》和"太一九宫占盘"则要与一年三百六十六天的阴阳合历相合,所以有六节多出一天,是四十六天。

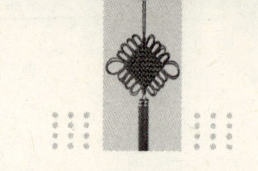

斯文在兹：中华文化的源与流

还有一个问题，四时八节历是如何记日的。古人曾用天干记日，每旬一周转，分别称"上甲"、"中甲"、"下甲"之类，这可能是四时八节历记日方法的遗存。

综合所述，我们列四时八节历历谱如表5：

表5　　　　　　　四时八节历历谱

一年	太阳回归年（365～366）									
天数	360									5～6
四时	春		夏		秋		冬		
天数	90		90		90		90		
八节	立春	春分	立夏	夏至	立秋	秋分	立冬	冬至	过年日
天数	45	45	45	45	45	45	45	45	
十二月	一月	二月	三月	四月	五月	六月	七月	八月	九月	十月	十一月	十二月
天数	30	30	30	30	30	30	30	30	30	30	30	30

2. 河图与洛书的同异

洛书晚出于河图，这在历史中有明确记载。一般认为河图出于伏羲时代，洛书出于禹时代。《汉书·五行志》引刘歆说："虙羲氏继天而王，受河图，则而画之，八卦是也；禹治洪水，赐洛书，法而陈之，洪范是也。"东汉王充在其《论衡·正说篇》中也说："说易者皆为伏羲作八卦，文王演为六十四。夫圣王起，河出图，洛出书。伏羲王，河图从河水中出，易卦是也；禹之时得洛书，书从洛水中出，洪范九章是也。故伏羲以卦治天下，禹案洪范以治水。"

河图代表的阴阳五行历是农业时代不可或缺的历法。考古显示，中国的农业时代大约始于一万年前，那么阴阳五行历的上限当在一万年前，在七八千年的伏羲时代可能已经相对成熟；但刘歆、王充说洛书起于禹时代则不甚准确。因为我们从商书《尚书·尧典》中知道，四千多

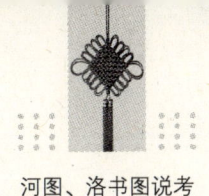

河图、洛书图说考

年前的尧时代已经不再用纯阳历,而是"历象日月星辰,以授民时",其一年为"三百有六旬有六日,以闰月定四时,成岁"。所以洛书代表的四时八节十二月太阳历下限当在四千年以前。安徽含山玉版上原始洛书的出土也表明,五千年前原始洛书已经出现。

《凌家滩——田野考古发掘报告之一》描述这个编号为87M4:30的玉版时说:"两短边上各对钻5个圆孔,一长边上对钻9个圆孔,另一长边在两端各对钻2个圆孔。玉版中部偏右琢一小圆,在小圆内琢刻方形八角星纹,小圆外琢磨大圆。大小圆之间以直线平分为八个区块,每区域内琢磨圭形纹饰一个。在大圆外沿圆边对着玉版四角各琢磨一圭形纹饰。长11、宽8.2、厚0.2—0.4厘米。"①

从《凌家滩——田野考古发掘报告之一》第49页提供的图片(如图8)上我们一眼就能看出,玉片长边上面的孔实际上只有八个,最后两个孔是叠加在一起的。

所以笔者认为,这个放在玉龟中的玉片如果真如诸多学者考证的是原始洛书,则圭形纹饰表示四时八节,八节温差相对的两两分立,组成数十才更合理。换言之,上下八孔和四孔表达的是原始洛书的义理——四时八节,左右各五个孔表达的是原始洛书的数理——十才对。

河图、洛书是一万至四千年前分别代表阴阳五行历和四时八节太阳历的图示。它们既有相同点,又有不同点。

二者的相同点包括:它们皆为纯粹的太阳历,与月相无关。一年三百六十天,有五六天的过年日。由于去古太远,我们无法考证出先民是

---

① 安徽省文物考古研究所编著:《凌家滩——田野考古发掘报告之一》,文物出版社,2006年,第47页。

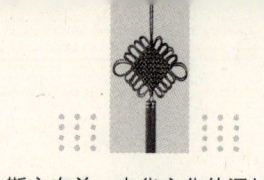

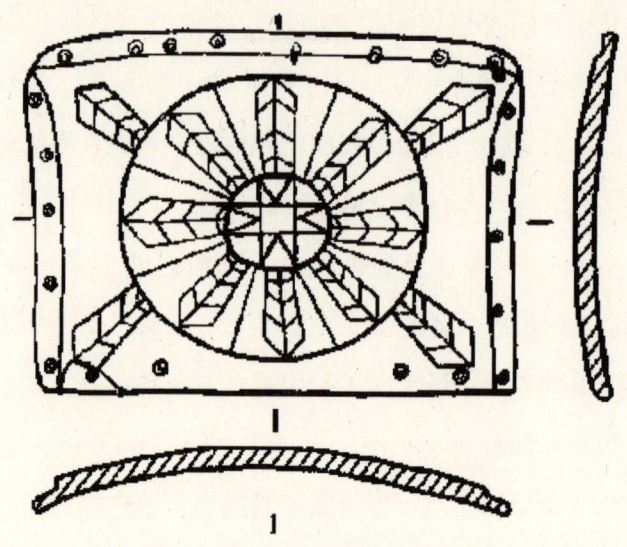

图8 《凌家滩——田野考古发掘报告之一》中的原始洛书图片

如何置闰的,是不是也同彝族一样四年加一闰日呢?河图和洛书计算一年都是从冬至开始;气温(阴阳)相对的时段组合在一起,洛书是气温相对的节两两相对,河图是气温相对的月被组合在同于行(方位)中。

二者的不同点包括:河图整体上表达的是十个太阳月,而洛书整体表达的是八节,每节主洛书黑白点总数45天;洛书实际上是三级幻方,数理上显然比河图更复杂些;洛书的八节比河图的十月更精确,因为它与更多的天文点相对应。

河图、洛书代表的阴阳五行历、四时八节太阳历,以及其相应的时令是中华文化的胚胎,在数千年的应用过程中,铸就了中国人的思维方式、文化品格和科学范式。诚如《淮南子·泰族训》所讲的:"昔者,五帝三王之莅政施教,必用参五。何谓参五?仰取象于天,俯取度于地,中取法于人。乃立明堂之朝,行明堂之令,以调阴阳之气,以和四时之节。"中华文化法自然、行天道,按自然秩序调节生产和生活方式,

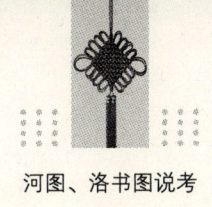

是中华民族万年来在东亚大陆上历经风雨，绵绵不绝的根本原因，也是未来人类必须效仿的生存模式。

　　河图、洛书蕴含的思想太简洁，又太精密！太普通，又太伟大！太古老，又太现代！

　　透过河图、洛书黑白点，我们看到文明背后的力量是那么强劲持久——它从万年前人类文明的第一缕曙光一直延伸到离今天很远很远的未来地平线；我们无言以描述这种力量，只能说——

　　伟哉，中华文化！

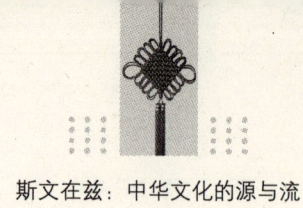

第二章　圣人则河图、洛书画八卦考

北宋河图、洛书的图形传出以后，易学家们普遍认为它们是八卦的来源，并以河图、洛书配先天、后天八卦来说明这种关系。这对于阐发易经数理具有重要意义，但对于解释河图、洛书与八卦的关系却意义不大。

事实上，《周易·系辞上》上只是说："河出图，洛出书，圣人则之。"并没有说古代圣贤是根据河图、洛书而画八卦的。在这个问题上，唐代孔颖达在《周易正义》中引前人含糊的言说，未有发明："'河出图，洛出书，圣人则之'者，如郑康成之义，则《春秋纬》云：河以通乾出天苞，洛以流坤吐地符。河龙图发，洛龟书感。《河图》有九篇，《洛书》有六篇。孔安国以为《河图》则八卦是也，《洛书》则九畴是也。"

同阴阳五行说一样，八卦理论是由卦名、卦象、卦位、卦画等诸多要素组成的复杂理论模型，用以从整体上模拟宇宙万物动态的变易规律，其理论完成以《易传》的形成为标志。这一复杂的理论模型与河图、洛书到底有何关系呢？

今天，根据民族调查资料及考古资料，再与古籍资料相参，我们基本能够确定二者的关系主要包括三个方面：河图、洛书中的阴阳观念在

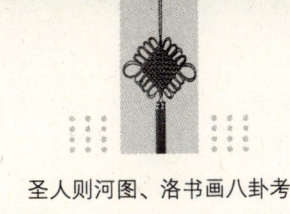

圣人则河图、洛书画八卦考

易经中以阴阳爻的形式作了符号化的表达；洛书中的四时八节直接催生了四象八卦观念的形成；河图、洛书中的数理影响了易经数理，《周易》蓍策数五十五就直接取自河图。兹分述如下。

一、从阴阳观念到阴阳符号

单独看"阴"、"阳"两个概念，它们在西周时期仍然具体地指向阳与背阳之处。所以笔者也曾同诸多学人一样认为哲理化的阴阳观念，即阴阳作为中国文化中最典型的象始于东周时期。①

我们细读《易经》，亦不难发现，成书较早的卦辞、爻辞中是不见"阴阳"两字的，只是到了东周，解易的十翼中才突出了阴阳观念。"钱穆先生在《〈易传〉与小戴〈礼记〉中之宇宙论》一文中这样写道："《周易》上、下经，本不言'阴阳'，十传始言'阴阳'"②

但在研究河图、洛书的起源时，笔者发现，一万年前中国先民就有了明确的阴阳观念。河图表达的上古阴阳五行十月历，相邻的两个月（亦是数）是有阴阳、刚柔之分的。洛书表达的四时八节，相邻的节气也是阴阳相间，并用黑白点来表达这种观念。如果说圣人则河图、洛书画八卦，首先取法的显然就是河图、洛书中最明确的象——阴与阳。

"《易》以道阴阳"，阴阳是易经哲理的根本。1973年长沙马王堆西汉墓出土的《帛书周易·易之义》开篇便引孔子言曰："《易》之义谁

---

① 翟玉忠：《道法中国：二十一世纪中华文明的复兴》，中央编译出版社，2008年，第147页。
② 钱穆：《中国学术思想史论丛》卷二，台北联经出版事业公司，1998年，第29页。

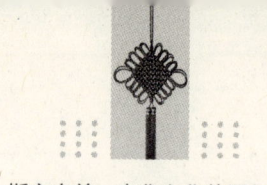

（通"唯"——笔者注）阴与阳，六画而成章。曲句焉柔，正直焉刚。六刚无柔，是谓大阳，此天之义也……六柔无刚，此地之义。天地相衔，气味相取，阴阳流刑，刚柔成章。"这段话大意是说，整部《周易》的全部义理可经归结为阴柔与阳刚，阴阳六画组成一个完整的六十四卦系统。弯曲而又断开的符号代表阴柔，规规矩矩画上一横代表阳刚。六爻都是阳刚而没有阴柔的卦，就叫作大阳卦，这是代表天的意义……六爻都是阴柔没有阳刚的卦，就叫作大阴卦，这是代表地的意义。天与地阴阳互补，阳刚之气与阴柔之气相互聚合，阴气与阳气大化流行，刚爻与柔爻交互组合成卦图。

另据《帛书周易·要》，易的阴阳之象取自与历法紧密相关的天文。上面说："故《易》又（通"有"——笔者注）天道焉，而不可以日月生辰尽称也，故为之以阴阳。"通行本《周易·系辞上》也说："阴阳之义配日月。"

值得指出的是，中国文化中最重要的阴阳之象不是静态的，而是动态的。通行本《易经·系辞上》上说："一阴一阳之谓道，继之者善也，成之者性也。"这里的"一"本身就是对动态的描述，是讲对立面的互相依存和互相转化。所以《帛书周易·缪和》进一步说："凡天之道，一阴一阳，一短一长，一晦一明。"《易经·系辞上》也说："日月运行，一寒一暑。"

阴阳大象也不是二元对立的，而是相生相克，二者间具有多维复杂的动态关系。1972年发掘出土的《银雀山汉墓竹简·曹氏阴阳》上说："夫阴之中有阳，阳之中亦有（阴）（括号内字为整理者据文义补——笔者注）"，"阳中有阳，阴中有阴"，"纯阴不生，纯阳不长"。

事实上八卦作为一阴一阳更为繁复的符号化表达，一个卦与另一卦

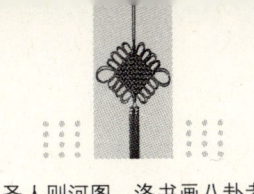

完全对立的情况只占八分之一。张延生教授进一步指出:"事物间的完全'对立'的现象与规律,按'易理'与'易卦'规律认为,它们只是占'对应'现象与规律中的八分之一(64卦中,完全对称、互补的卦,只有8种'无反有对'的卦)。也就是说,用'对立'的概念与现象来认识宇宙,即使达到了完全'对立统一'的结果,其最多也只能认识到宇宙中八分之一事物的规律。这也是当今科学方法完全以绝对对称、绝对互补的事物作为认识世界一切事物的基础与出发点的缺憾。因为绝对对称、绝对互补的事物基本用线性方法就可以得以表述,而那些非绝对对称、非绝对互补的事物间的复杂性现象及本质规律,是完全靠线性的表述功能所无法予以充分正确及准确地表述的。"①

难怪中国先哲称二元对立思维为"两末之议",并从根本上加以否定。因为宇宙本身就是一个复杂的巨系统,在甜与苦、黑与白、善与恶、美与丑这类二元对立的概念中间,有太多复杂的因素存在,比如除了黑与白,别忘了世间万物本是五颜六色的。所以《韩非子·难势第四十》评论说:"驾车,不用王良,就一定要让奴仆们把事办糟;治理国家,不用尧、舜,就一定要让桀、纣把国家搞乱。这就好比品味,不是蜜糖,就一定是苦菜。这就是堆砌言辞,违背常理,而趋于极端化的理论!"(原文:且御,非使王良也,则必使臧获败之;治,非使尧、舜也,则必使桀、纣乱之。此味非饴蜜也,必苦菜、亭历也。此则积辩累辞,离理失术,两末之议也。)

诚如张延生先生所说,因为西方人文学术习惯于用二元对立概念描述经济、政治这类复杂的现象,才使其理论在形式上越来越完美的同

---

① 张延生:《易理数理》(一),团结出版社,2009年,第446页。

时，离现实却越来越远，直至与现实完全脱节，特别是在经济学领域。2000年7月，法国爆发了著名的"经济学革新运动"，法国经济系学生认为在经济学课程表中居支配地位的新古典理论及其方法是基于狭隘的视野而没有能力与其他人交流，只是做离群索居自我封闭的思索，只能集中于自身的智力游戏之中，并把数学本身当成追求的目标。他们呼吁：经济学脱离虚构的世界，寻求一种适于分析对象复杂性的多元化方法，更多的关注具体的经济现实。

中国文化中用于描述复杂现象的阴阳观念起源极早，流源极远。在长沙马王堆西汉墓出土的《黄帝四经·称》中，作者用阴阳大象概括了天道人伦的诸多事物，并指出了二类事物的行事原则，其对中国文化影响力所及，甚大甚深。其中说："凡论，必以阴阳囗（"囗"为出土时缺失字，下同——笔者注）大义。天阳地阴。春阳秋阴，夏阳冬阴。昼阳夜阴。大国阳，小国阴。重国阳，轻国阴。有事阳，而无事阴。信（通"伸"——笔者注）者阳，而屈者阴。主阳，臣阴。上阳，下阴。男阳，〔女阴〕（〔〕中字据文义补入，下同——笔者注）。〔父〕阳，〔子〕阴。兄阳，弟阴。长阳，少〔阴〕。贵〔阳〕，贱阴。达阳，穷阴。取（同"娶"——笔者注）妇姓（同"生"——笔者注）子阳，有丧阴。制人者阳，制于人者阴。客阳，主人阴。师阳，役阴。言阳，黑（通"默"——笔者注）阴。予阳，受阴，诸阳者法天。天贵正，过正曰诡囗囗囗囗祭乃反。诸阴者法地，地〔之〕德，安徐正静，柔节先定，贵予不争。"

从中华文化的某些层面，我们还能看到阴阳观念的最初形态。

比如与中原文化有深厚渊源的彝族，他们就习惯于用更形象的"公母"来表达原始阴阳观念。王天玺、李国文两位先生曾经注意到："彝

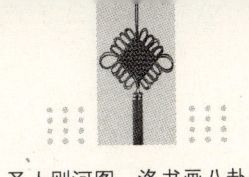

圣人则河图、洛书画八卦考

语支各民族，如纳西、拉祜、哈尼、傈僳、白、基诺等，在她们的原始语言里保存着一个共同现象，即把人类及其万物的存在划分为同一而又对立的两半——一公一母。"① 刘尧汉教授在其《彝族文化研究丛书》（总序）中更为具体地指出："彝语支母系制摩梭人和父系氏族制彝族，都保留了原始的万物雌雄观；除禽兽和人，雌是雌、雄是雄之外；对于自然现象如：星星、云朵、山、石、岩穴、溪流、树木，及人造物如：房屋、罐、碗、盆、锅、槽、斧，等等，均按其形体相对大小，凡大者为雌，小者为雄。云南哀牢山彝族的一个祖灵葫芦里包容一雌一雄（即祖母和祖父、曾祖母和曾祖父）。在时间上，一年十个月，双月为雌，单月为雄。"②

以雌雄代阴阳，这在西汉时仍十分流行。马王堆西汉墓出土的《黄帝四经·经》中有"雌雄节"一篇，认为治国修身要谦下守雌，此乃吉凶祸福之本。"节"原意是古人作为凭信的符节，其上有榫口，可以相合为证。其中榫头为雄，为右为上；榫眼为雌，为左为下。文中说，"皇后屯磿（历），吉凶之常，以辩（辨）雌雄之节，乃分祸福之乡（向）。宪敖（傲）骄居（倨），是胃（谓）雄节，□□共（恭）验（俭），是胃（谓）雌节。夫雄节者，涅之徒也。雌节者，兼之徒也。夫雄节以得，乃不为福，雌节以亡，必得将有赏。夫雄节而数得，是胃（谓）积央（殃）。凶忧重至，几于死亡。雌节而数之，是胃（谓）积德。慎戒毋法，大禄将极。"这段话大意是说，黄帝能够洞彻吉凶的先兆、辨析雌节与雄节这两种基本处世规则，能够分清导致福祸的原因所

---

① 王天玺、李国文：《先民的智慧——彝族古代哲学》，云南教育出版社，1999年，第32页。
② 卢央：《彝族星占学》，云南人民出版社，1989年，"总序"第25页。

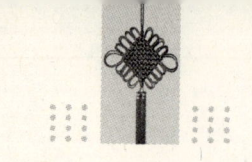

在。举凡自我炫耀、自以为是、自我夸耀,倨慢不逊,都称之为"雄节";举凡宛顺、温和、谦恭、卑让的,都称之为"雌节"。所谓"雄节",大抵属于自满的范畴;所谓"雌节",大抵属于谦逊的范畴。依仗"雄节",假使偶有所得的话,并不意味着即是福吉;立足于"雌节",如果一时有所损失的话,最终也必然会有善报。如果依仗"雄节"屡有收获,也只能视为积累祸因,最终是忧虑凶险并濒临死亡。如果立足"雌节"而常有所失,这正是积累福德的过程;谨慎地戒备自己而不背离"雌节",大福就必然会到来。

另外,《老子》、《淮南子》等古籍中皆有以雌雄代阴阳的文例。《银雀山汉墓竹简》有"雄牝(雌性的鸟或兽——笔者注)城"一篇,兵书的作者将易守难攻处称为雄城,将易攻难守处定为牝城。难怪《诗纬·推度灾》中曾明确指出:"阳本为雄,阴本为雌。"(《太平御览》卷一所引《诗纬》佚文。)似乎汉人当时仍然知晓阴阳观念的早期源头?!

《周易》中还有"以大小代称阴阳"的情况,这是台湾中央大学中文所教授胡自逢先生经仔细考证《周易》经文后发现的。他进而指出:"今四川、重庆(古巴子国)民间欲呼日为'大太阳',月为二太阳,仍有大小之别。川北仪龙县,将军山上有寨门二座,其大者曰'男寨门',小者曰'女寨门',男女,亦阴阳之代称。古语本雅言而保存于方言之中至多。此其一例,后人以十翼昌言阴阳,经文则无,竟谓阴阳之思想晚出(在战国以后),不知古不名阴阳,直呼为大小耳,其思想远古固已有之,英国史学家汤因比,谓中国阴阳文化之根较世界其他文化早熟两万多年,确有所见。"[1]

---

[1] 胡自逢:《周易经文研究》,收入刘大钧主编:《大易集述》,巴蜀书社,1998年。

圣人则河图、洛书画八卦考

尽管从形式上讲，阴阳爻卦画在 4500 至 6400 年前在大汶口文化中就已经出现（如图 1），但目前学界普遍认为，《易经》阴阳观念的符号形态阴阳爻演化自新石器时代数卜法产生的筮数，经夏商周，在汉代逐步定型为今天的形式——这能从考古资料中得到坚实的支持。当然，易理中的阴阳观念早已经产生，并以数字的奇、偶表达。上海社会科学院的周山研究员在谈到殷商数字卦中三并入一（类）中、二、四并入六（类）中的现象时总结说："我们可以看到当时的先人对于数字卦中的各个数字所代表的具体数目，并不在意，但是对它们是奇数还是偶数却十分重视。由此可见，奇、偶和阴、阳观念，这时候已经在先人们的思维实践中占有极其重要的位置。"①

图1 新石器时代大汶口文化象牙梳，1959年出土于山东泰安大汶口，现收藏在中国国家博物馆。这把象牙梳背厚齿薄，约17厘米长，顶端有四个小缺口，其下透雕三个圆孔，梳身中部用平行的三行条孔组成类似"S"形的透雕装饰，内填T字形花纹，在"S"字形装饰的左右两侧刻出对称的三个条孔，上方刻有一道条孔，构成了一个长方形的装饰画面，条孔为刻具一次刻成。象牙梳的下端有15个细密的梳齿。

---

① 周山：《周易文化论》，上海社会科学出版社，1994年，第8页。

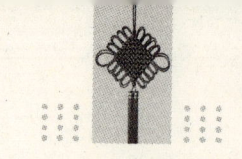

斯文在兹：中华文化的源与流

通过对西南少数民族残存的诸多数卜法的考察，我们能更清晰地理解从原始的数卜奇偶数向数字卦再向阴阳爻转化的漫长历史进程。汪宁生在《考古》杂志1976年第4期发表的《八卦起源》中，介绍了彝族巫师名"雷夫孜"的数卜法，其具体过程如下：彝族巫师取细竹或草杆一束，握于左手，右手随意分去一部分，看左手所余之数是奇是偶。如此运筹三次，即可得出三个数字。有时不用细竹或草杆，而用一根木片，以小刀在木片上随意刻划许多痕迹，再将木片分作三个相等的部分，看每部分刻痕的多少，也可得出三个数字。然后，巫师根据这三个数是奇是偶及其先后次序，来判断械斗、婚丧、出行等事的胜败吉凶。"雷夫孜"数卜法将数分为奇偶两种，而卜必三次，其排列组合只会有八种可能，即：①奇奇奇；②偶偶偶；③奇偶偶；④偶奇奇；⑤奇偶奇；⑥偶奇偶；⑦奇奇偶；⑧偶偶奇。这显然就是八卦的基本数理形态。汪宁生先生由是得出结论："阴阳两爻是古代巫师举行筮法时用来表示奇数和偶数的符号，八卦则是三个奇偶数的排列组合。"①

从河图、洛书及数卜中的奇偶数到阴阳爻卦画，阴阳观念符号化标志着中国阴阳观念的成熟。从兵学到中国古典经济学轻重之术，阴阳大象成为描述经济、军事这类复杂系统的基础。此一学术路线比西方建立在二元对立抽象概念之上的相关学术更为精确，更具有实用性。笔者在研究轻重之术时深切地感到了这一点，感兴趣的朋友可以参阅拙著《国富策：中国古典经济思想及其三十六计》②。

---

① 汪宁生：《民族考古学论集》，文物出版社，1989年，第150页。
② 中国友谊出版公司2010年1月出版。

至于后来有"天下第一图"之称的阴阳鱼太极图,实际上只是阴阳观念更为艺术化的表达,并不比北宋周敦颐传出的太极图富有哲学意义(如图2)。

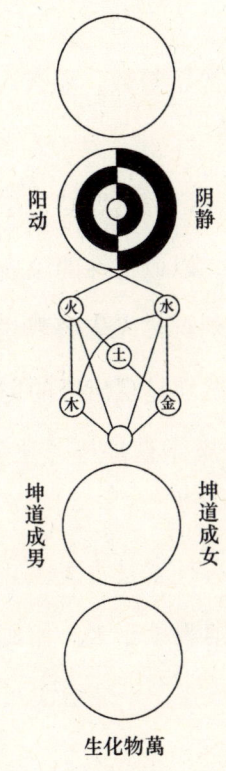

图 2　周敦颐传出的"五层太极图",周氏并作《太极图说》。

第一张"阴阳鱼"太极图至南宋始出现在张行成的《翼玄》中,明代以后学者才开始关注此"无用之物"。[①] 不过在今天,"阴阳鱼"太极图早已"否极泰来",成为无数江湖术士和学术骗子的最爱了!

---

① 张其成:《易图探秘》,中国书店,2005 年,175~201 页。

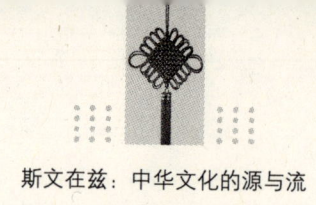

斯文在兹：中华文化的源与流

二、从四时八节到四象八卦

数卜只能说明八卦卦画源于筮数，那么八卦的哲理、卦位、卦象等又是如何逐步形成的呢？

中国传统意象思维（也称"象思维"）具有"观物取象"的特点，它通过对现象的整体性观察，以概括性的象表达现象界自然的规律。中国社会科学院哲学研究所的刘长林先生解释说："意象思维保持对象事物的原本整体性，在事物自然地显现出来的完整的现象中，寻找事物的本质和规律。这样的本质和规律直接与'象'即现实中的过程状态相应，具有'象'的特征。"①

据《易经·系辞下》，八卦就是古圣人观物取象的结果。其中说："古者包牺氏王天下也，仰则观象于天，俯则观法于地，观鸟兽之文，与地之宜，近取诸身，远取诸物，于是始作八卦，以通神明之德，以类万物之情。"

具体地说，八卦是"观"上古天文历法的结果，其直接源于表征上古四时八节历的洛书——洛书的四时演化为四象，洛书的八节演化为八卦。在此意义上，西汉学者孟喜、京房将六十四卦与二十四节气相配的卦气说不仅是一种创造，也是对八卦原始意义的回归。

在中国古籍中，关于八卦与天文历法关系的记述不绝于书。

---

① 刘长林：《中国象科学观：易、道与兵、医（修订版）》上，社会科学文献出版社，2008年，第43页。

圣人则河图、洛书画八卦考

《帛书周易·要》上就说:"故《易》又天道焉,而不可以日月生辰尽称也,故为之以阴阳。又地道焉,不可以水火金土木尽称也,故律之以柔刚。又人道焉,不可以父子君臣夫妇先后尽称也,故为之以上下。又四时之变焉,不可以万勿(通"物"——笔者注)尽称也,故为之以八卦。"这里作者明确指出,八卦是用来概括四时之象的。

汉代《春秋纬说题辞》指出《易》是讲节气、历法的书,其中说:"《易》者,气之节,含五精,宣律历。上经象天,下经计历。"

汉末易学家虞翻(164~233年)注《易经·系辞上》"两仪生四象",云:"四象,四时也,两仪,谓乾坤也。"① 这里,汉代易家直接释"象"为"时"。

事实上,通行本《易经·说卦传》就已经阐明了八卦与洛书的关系。它不仅用后天八卦说明了卦位,还有"兑,正秋也"一语,由此我们可以推知其他卦与八节的关系。文章说:"万物出乎震,震东方也。齐乎巽,巽东南也。齐也者,言万物之絜齐也。离也者,明也,万物皆相见,南方之卦也,圣人南面而听天下,向明而治,盖取诸此也。坤也者,地也,万物皆致养焉,故曰:致役乎坤。兑,正秋也,万物之所说也,故曰:说言乎兑。战乎乾,乾西北之卦也,言阴阳相薄也。坎者水也,正北方之卦也。劳卦也,万物之所归也,故曰:劳乎坎。艮,东北之卦也。万物之所成终而成始也,故曰:成言乎艮。"为了使读者更深入、形象地理解上面这段话,我们画了"八卦则洛书图"(见图3)。

西汉末年成书的《周易乾凿度》引孔子言,更明确指出了八卦与四时八节的关系,一卦主四十五天,一年三百六十天,这正好分别是洛书

---

① 孙星衍:《周易集解·卷八》,成都古籍书店,1988年,第598页。

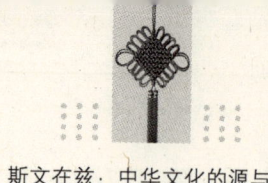

斯文在兹：中华文化的源与流

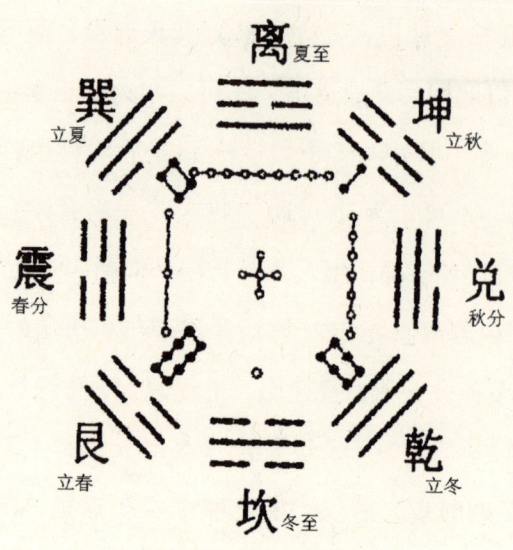

图3　八卦则洛书图

四时八节历一节和一年的天数——作者以八卦配八个月份。文章说："孔子曰：'易始于太极，太极分而为二，故生天地。天地有春秋冬夏之节，故生四时。四时各有阴阳刚柔之分，故生八卦。八卦成列，天地之道立，雷风水火山泽之象定矣。其布散用事也，震生物于东方，位在二月；巽散之于东南，位在四月；离长之于南方，位在五月；坤养之于西南方，位在六月；兑收之于西方，位在八月；乾制之于西北方，位在十月；坎藏之于北方，位在十一月；艮终始之于东北方，位在十二月。八卦之气终，则四正四维之分明，生长收藏之道备，阴阳之体定，神明之德通，而万物各以其类成矣。皆易之所包也。至矣哉！易之德也。'孔子曰：'岁三百六十日而天气周，八卦用事各四十五日，方备岁焉。'"这里的八卦显然表示八节。

上面所引"四正四维"即洛书的八极（即八角）。南宋罗泌《路史·后记·太昊伏羲氏》引道家壶子言曰："伏羲法八极，作八卦。"看来，此必有所本。

民族调查资料和考古资料同样告诉我们，早期的八卦在没有同脱胎于筮数的阴阳爻卦画结合起来以来之前，就是以八角的形式存在着——八卦理论同卦画的结合似乎是与《易经》的义理化同步的，也就是始于孔子。但直至秦时，《易经》仍被官方视为卜筮之书，从而远离了被焚的命运。

比如著名的彝族八卦，它一般被画成八角的形式（图4）。

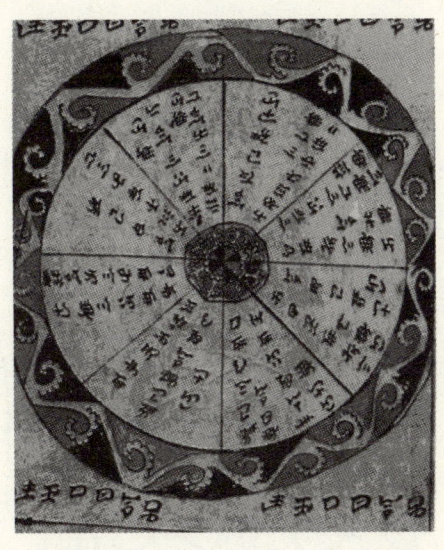

图4　彝族社会中的常见的、具有重要地位的八角（彝文称"八角"，汉地学者多译为"八卦"）

资料来源：原图载王正坤：《彝医揽要》，云南科学技术出版社，2004年8月，彩图2。

彝族八卦与汉人八卦不同，没有画卦，只有卦名、卦位和卦象，且卦象还明显带有河图五行（五季）之象的痕迹，只是加上了石、禾、山。这在汉人八卦卦象中已经不太明显，只剩下"水、火"二行。八卦卦象与河图五行（五季）之象的联系由此可见一斑。根据彝族古籍《宇宙人文论》和《西南彝志》，《彝族天文学史》的作者将彝族八卦制成

· 49 ·

了下表：

表1　　　　　　　　　　彝族八卦

卦名	嗳	哺	且	舍	鲁	朵	哞	啥
卦位	南	北	东	西	东北	西南	东南	西北
卦序	父	母	中男	中妇	长男	长女	少男	少女
卦象	火	水	木	金	山	土	石	禾

资料来源：陈久金、卢央、刘尧汉著：《彝族天文学史》，云南人民出版社，1984年，第303页。

1987年，安徽含山凌家滩新石器时代遗址出土了距今五千多年前编号为87M4：30的玉版，学界许多人称之为"原始洛书"（如图5），它也是以八角的形式存在。去古太远，在这里我们甚至看不到洛书与八卦的明显界线。

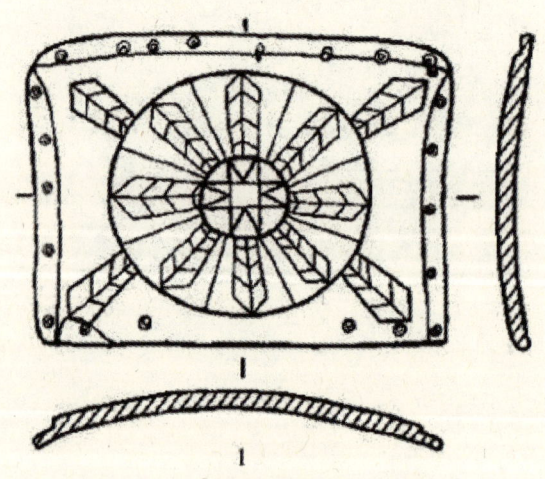

图5　原始洛书

资料来源：原图载《凌家滩——田野考古发掘报告之一》，安徽省文物考古研究所编著，文物出版社，2006年，第49页。

笔者注意到，这个"原始洛书"保存了太多彝族八卦的痕迹。它中心的图案与彝族人方巾上的装饰图案全同（如图6），外边的八角与彝族八卦也极其相似，这绝对不能说是一种偶然，其中有太多的奥秘尚待我们去揭示。

图6　云南路南县彝族方巾

资料来源：原图载陈久金、卢央、刘尧汉著：《彝族天文学史》，云南人民出版社，1984年，第312页。

随着八卦理论的成熟，同阴阳、五行一样，八卦之象也成为中国人从整体动态的角度认识宇宙万物的概括性理论工具。《易经·说卦传》在解释八卦的诸基本卦象时说："神也者，妙万物而为言者也。动万物者莫疾乎雷，挠万物者莫疾乎风，躁万物者莫熯（音hàn，意为干燥，干枯——笔者注）乎火，说万物者莫说乎泽，润万物者莫润乎水，终万物始万物者莫盛乎艮。故水火相逮，雷风不相悖，山泽通气，然后能变化，既成万物也。"刘长林先生评论说："八卦及其代表的八种自然物，并不是以其形体形质的特征立足，而是以它们所具有的功能和行为方式而被看中。《说卦》作者是将八卦及其代表的自然物当作八种'神'，来加以认识和讨论的。'神'为'道'之用，其义在'妙'。'妙万物'，即奇妙地推动万物

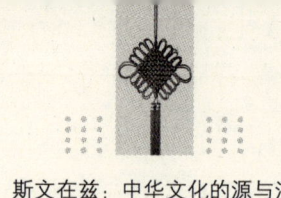

和生成万物。这样的功能和行为就是所谓'神'。《说卦》试图将其分为八大类,分别由八卦即八种自然物来代表和标示。世界万物变化生生,创新不竭,就源于八卦所代表的八种行为功能的相互作用。"①

从洛书四时八节到《易经》四象八卦,这其间承载着包括少数民族在内的华夏文化圈太多太重的信息。尽管由于资料的限制,一时无法完全理清其本末,但我们还是能一窥这个绵延不绝万年之久的文化强健的渗透力,以及它独特的认识世界的角度和解释世界的方式……

三、从河洛数理到易经数理

河图和洛书中蕴含的数理对中国文化影响巨大,除了五行(季)之数五,影响最为广泛的当属一月的三十六日和一季的七十二天。比如历史上秦始皇分天下以为三十六郡、天子法驾三十六乘。孔子弟子有七十二贤、封泰山禅梁父者有七十二家;民间还有"三十六计"、"三十六行"、"七十二变"、"七十二地煞"之类说法。

闻一多先生早就注意到了这种文化现象,并专门作《七十二》一文详加考察。他发现"七十二"这个数字战国时就已经流行,且与五行说高度相关。汉代纬书《易坤灵图》上面说:"五帝:东方木,色苍,七十二日;南方火,色赤,七十二日;中央土,色黄,七十二日;西方金,色白,七十二日;北方水,色黑,七十二日。"闻一多先生引述上

---

① 刘长林:《中国象科学观:易、道与兵、医(修订版)》上,社会科学文献出版社,2008年,第47页。

圣人则河图、洛书画八卦考

面这段话后指出："'七十二'是一年三百六十日的五等分数，而这个数字乃是由五行思想演化出来的一种术语。"①

在闻一多的时代很少有人知晓河图表示的上古阴阳五行十月历的存在，他能得出这样的结论真让人惊叹其学术功底。不可思议的是，倒是在21世纪的今天，有学者错解中国文化中"三十六"和"七十二"之意，将其与在洛阳附近测得的北极出地高度三十六度联系起来。要知道，中国天文学家知道这个数字可能已经在东汉以后，而"三十六"和"七十二"在战国时代就已经流行开来，这种解释简直是本末倒置！②

关于河洛数理对易经数理的影响，我们能从《易经·系辞上》中清晰地看出来，其中说："大衍之数五十，其用四十有九。分而为二以象两，挂一以象三，揲之以四以象四时，归奇于扐以象闰；五岁再闰，故再扐而后挂。天数五，地数五。五位相得而各有合，天数二十有五，地数三十，凡天地之数五十有五，此所以成变化而行鬼神也……天一，地二；天三，地四；天五，地六；天七，地八；天九，地十。"

"揲之以四以象四时"、"天地之数五十有五"、"归奇于扐以象闰"、"天一，地二；天三……"这些数字明显与河图、洛书所表示的上古五行、四时历高度相关，天地之数即河图数的总和，也是《周易》的著策数；关于河图、洛书蕴含的数理规律，其内容繁杂，在此不再详述。

需要指出的是，在公元前5000年至公元前3000年前的仰韶文化中，中国先民也如河图、洛书一样用点表达数字，并对于一至十组成的递增数列有着明确的认识，但不能因此说这些以三角形数点构成的数列就是

---

① 闻一多：《神话与诗》，世纪出版集团、上海人民出版社，2006年，第173页。
② 秦建明：《三十六与七十二》，载作者新浪博客 http://blog.sina.com.cn/s/blog_53de3f9a0100vgxd.html，访问日期：2012年5月24日。

"原始河图、洛书"。清代以来,学者们对这类图案与河图、洛书的关系作了太多的"大胆假设"。

上个世纪50年代末期,在仰韶文化西安半坡遗址和西华县元君庙遗址出土的陶片或陶器上,发现了三十六、四十五、五十五数点组成的锥孔三角形(如图7、图8),以元君庙出土的陶钵为例(图9),上面有四十五、五十五两种锥刺的三角形图案,数点刺在上下两道平行的规线之间,连续环陶钵上腹部一周。留存的十个三角形中,有九个是由五十五个锥刺孔组成,一个是由四十五个锥孔组成。五十五数的三角形从一至十分十层。四十五数三角形从一至九有九层。

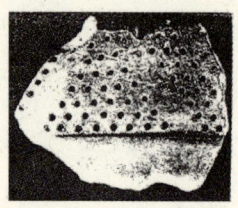 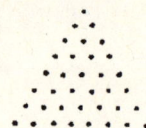

图7 西安半坡仰韶文化陶片上的三十六数锥孔三角形。

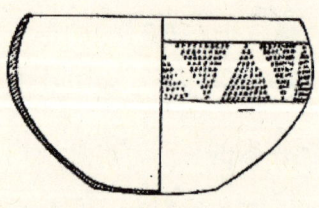 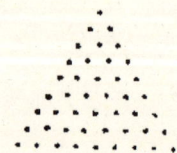

图8 陕西元君庙仰韶墓地陶体上的四十五、五十五数锥刺三角形。

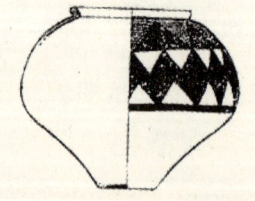 

图9 元君庙仰韶墓地陶罐上的三角形、菱形图案。

圣人则河图、洛书画八卦考

源于河洛数理的易经数理,除了占筮之外,目前最大的应用是在医学中。比如针灸中的灵龟八法(又称"奇经纳卦法")。它是以奇经八脉的八穴为基础,配合八卦、九宫和天干、地支的变易,进行选配八脉交会穴防治疾病的方法。具体步骤是将患者来诊之日、时干支所代表的基数相加之和,阳日除以九,阴日除以六,将不能尽除的所余数求出。此余数即是纳于九宫八卦之数。灵龟八法日时天干的代表数值如表2;八卦与八穴间的配属关系如表3。

表2　　　　　　　灵龟八法日时天干的代表数值

代表数值	10	9	8	7	6	5	4
日天干	甲,己	乙,庚	丁,壬	丙,戊辛,癸			
日地支	丑,辰未,戌	申,酉	寅,卯	子,巳午,亥			
时天干		甲,己	乙,庚	丙,辛	丁,壬	戊,癸	
时地支		子,午	丑,未	寅,申	卯,酉	辰,戌	巳,亥

表3　　　　　　　八卦与八穴间的配属关系

八卦	乾	坎	艮	震	巽	离	坤	兑
九宫	六	一	八	三	四	九	二,五	七
八穴	公孙	申脉	内关	外关	临泣	列缺	照海	后溪

可以说,在灵龟八法中,相当完整地体现了中国意象科学"立象尽意"、"极数定象"的基本范式,值得学人仔细参究。

比较起来,在彝族传统医学彝医中,八卦的地位整体上远大于中医中八卦的地位,王正坤先生指出:"彝族八卦理论,是彝医在推算宇宙(外因)与人体(内因)、形体与脏腑、脏与腑、脏与脏、腑与腑、形体与官窍、病根(因)与病路(机)、气血运行、脉络循行、药材属性，组方下药等方方面面都是不能离开的基本理论。没有它，就不可能对病路进行辨析；没有它，就不可能确立治法；没有它，就不可能合理组方。"①

看来，当中医高度发展阴阳五行理论的时候，彝医似乎更大程度地发展了阴阳八卦理论（与阴阳五行理论相交织）。数千年经验表明，它们在诠释人体和宇宙这样的复杂巨系统时是相当成功的。

医学是易经数理应用的一个典范，它使我们更加明晰了古人"极数定象"的方法——在《易经》理论体系中，数和象本来就如同阴阳一样，本质上是不可分的。

"河出图，洛出书，圣人则之……"

当神话不再成为神话的时候，它就更多地被还原为历史真相。

当圣人则河图、洛书画八卦不再成为神话的时候，我们听到了中华文化生生不息万年之久的沉沉心音。

神话是迷人的，它曾给我们带来太多的遐想。真相是平实的，它会给我们带来前进的动力——人类探索宇宙奥秘的步伐将因此更为坚定踏实！

河图、洛书，及其衍生的八卦理论是中国意象科学的原初、也是典型形态。超越文艺复兴以来抽象科学的边界，希望我们的研究有利于21世纪人类人文和自然科学向更广、更深的层次发展。

——中华文化伟大沧桑的历史进程给了我们太多期待！

---

① 王正坤，《彝医揽要》，云南科学技术出版社，2004年，第28页。

第三章 银雀山汉简与河图、洛书五行四时历

地不爱宝。

1972年，山东省临沂县（今临沂市）银雀山1号和2号汉墓中出土了近五千枚竹简。从两墓出土的钱币和2号墓中出土的《元光元年历谱》推定，1号墓的下葬年代在公元前140至前118年之间，2号墓下葬年代在前134至前118年之间。银雀山汉墓竹简的字体属于早期隶书，当是公元前179年至公元前118年（西汉文、景至武帝初期）写定。

整理者将银雀山汉墓竹简的内容分为"论政论兵之类"、"阴阳、时令、占候之类"和"其他"三部分，其中"阴阳、时令、占候之类"共十二种，如下：

一、曹氏阴阳。

二、阴阳散。

三、禁。

四、【三十时】。

五、【迎四时】。

六、【四时令】。

七、【五令】。

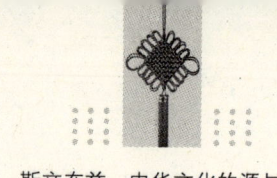

八、【不时之应】。

九、【为政不善之应】。

一〇、【人君不善之应】。

一一、天地八风五行客主五音之居

一二、【占书】。

("【】"内篇题为整理者拟加——笔者注)

上述数术书中很多内容，同遗存在《管子》中的河图说(《管子·五行第四十一》、《管子·幼官第八》)、洛书说(《管子·四时第四十》、《管子·轻重己第八十五》)有明显的学术传承关系，对于我们进一步了解河图、洛书的真义具有重要的参考意义。银雀山汉墓竹简的出土表明，尽管河图代表的阴阳五行历和洛书代表的四时八节历早已经退出社会生活，但它们仍在相当长的时期内存在于数术学中——一直到西汉初年。

下面，我们根据2010年1月文物出版社出版的《银雀山汉墓竹简》(贰)，对与河图、洛书有重要关系的诸篇作个简要梳理。

一、《禁》篇揭示的五行本义

文化人类学的研究表明，人类最早的历法不是根据天文星象制定，而是根据自然规律制定的，这就是物候指时。《中国科学技术史：农学卷》的作者在解释早期人类物候指时的普遍现象时说："对气候的季节变化，最初人们不是根据对天象的观察，而是根据自然界生物和非生物对气候变化的反应去捕捉气候变化的信息。自然界草木的荣枯，鸟兽的

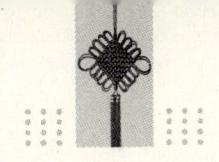

银雀山汉简与河图、洛书五行四时历

出没,冰霜的凝消,等等,是与气候的变化相互呼应的。'天气变于上,人物应于下矣'(《论衡·变动》),这就是所谓'物候'。以物候为从事农事活动的依据,这是人类掌握农时的最初手段。在中国一些近世或多或少保留原始农业成分的少数民族中,差不多都有以物候指示农时的成套经验,有的甚至形成了物候计时体系——物候历。"①

这里所说的"物候历"实际上是一种太阳历,因为它所依据的现象主要与地球绕太阳的公转相关。比如西双版纳景洪县的基诺人,"借宝"树叶落完了,"吉个老"鸟叫了,就该上山在待耕地段上砍树芟草;当苦笋发芽,"拉查巴布"鸟叫了,就该烧荒;满山的"借宝"盛开白花,就撒苞谷、种棉花;"借达卡"(马登树)开花,"卡巴"鸟等叫了,就该撒旱谷了。在独龙等族,人们把一年分成若干月,以某种特定物候的出现为一年或一月开始的标志,这种物候历月无定日,整体上显得比较粗疏。

在汉文化中,上古亦有这种物候指时的做法。《吕氏春秋·任地》总结说,一年"五时",见到某种草类出生,就要种植应在这时萌生的作物,见到某种草类枯死,就要收获这时成熟的作物。具体内容包括:冬至(请注意,这种五时历也是从冬至算起)以后五十七天,菖蒲开始萌生。菖蒲是百草中最先萌生的,这时要开始耕地;孟夏时荠、葶苈、菥蓂枯死,这时要收获大麦;夏至,苦菜枯死,蒺藜长出,这时要种植麻和小豆;秋分,猕首生出,谷子黄熟,这时就要进行收打蓄藏。(原文:冬至后五旬七日,菖始生。菖者,百草之先生者也。于是始耕。孟夏之昔,杀三叶而获大麦。日至,苦菜死而资生,而树麻与菽。此告民地宝尽死。凡草生

---

① 《中国科学技术史:农学卷》,科学出版社,2000年,第93页。

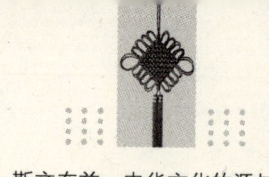

藏,日中出,豨首生而麦无叶,而从事于蓄藏。此告民究也。五时见生而树生,见死而获死。天下时,地生财,不与民谋。)

如物候指时一样,作为上古先民的历法,阴阳五行历中的"五行"可能亦与一年中某一时期的自然(或社会)现象有关。在这方面,《银雀山汉墓竹简·禁》篇给了我们重要的启示。

长期以来,关于五行的起源学界有诸多说法,如"五方说"、"五材说"、"五数说"、"五祀说"、"五星说"和"五工说"等等,其中"五材说"十分流行。这种说法认为金、木、水、火、土五行代表了宇宙万物组成的基础材料。五材说之所以流行,不仅仅是因为它是"一种朴素唯物主义观点",还在于它表面上更合乎西方传统上以静态元素解释宇宙组成的哲学观念——西方有的中国就要有,西方没有的中国就不当有,这是近代中国学界最为根深蒂固的偏见之一!

中国社会科学院哲学研究所的刘长林先生指出了中国的"材"与西方元素说的区别,他写道:"五材说的确以金木水火土为构成万物的基本材料,但它不是从实体或物质元素的角度提出问题的。'孜孜无怠!水火者,百姓之所饮食也;金木者,百姓之所兴作也;土者,万物之所资生也。是为人用。'(《尚书大传·周传》)传说这是一首歌词,为武王伐纣时兵士所唱,其意在讲述五材的性能和对人的功用。西周末史伯说:'故先王以土与金木水火杂,以成百物。'(《国语·郑语》)指明适当建立不同品物之关系,对生成创新有重要意义,即所谓'和实生物'。这与古希腊的本原论和实体论,寻找万物之构成基础和变中之不变,大异其趣。"①

---

① 刘长林:《〈周易〉与中国象科学》,载《周易研究》2003 年第 1 期。

银雀山汉简与河图、洛书五行四时历

换言之，五行是动态的、代表事物整体的象。从《禁》篇中我们看到，五行的本义从一开始就与时节有关，因为五行是四时所禁的对象。

关于《禁》篇有性质，整理者说："此篇论四时禁令，与《管子》中《四时》、《五行》、《七臣七主》、《轻重己》诸篇之部分内容相近。"① 四时禁令的目的在顺天道，用《禁》篇作者的话说就是："不效天之道，地之宜，五谷不番（蕃），六畜不遂，草木檮枨，万物果蓏不成，此天道之不顺也。故守国无禁，必伤于民，土无禁则年不长，木无禁则百体短，火无禁则勿（物）不缝（丰），金无禁则筋……"

由于简文残缺，上面只有"土无禁"、"木无禁"、"火无禁"、"金无禁"几项，根据上下文，残缺内容中必然有"水无禁"。《禁》开篇谈到时令的意义时就说："春毋伐木，华饮生；夏毋犯火，精薪缝（丰）；秋毋犯金，当银昭；冬毋犯水，甘泉出。"

反之，违犯时禁会导致什么样的灾难呢？作者按木、火、金、水、土为顺序进行了详细论述，相对应的时节是"定春"（简文所无，据文义补）、"定夏"、"定秋"、"定冬"、"定夏、定冬"，据整理小组的意见，这里的"定""疑当训为'当'"，定夏即当夏，《管子·问》中说："工尹伐材用，毋于三时，群材乃植，而造器定冬完良，备用必足。"

显而易见，这样的配法是因为五行与四时不能一一对应的缘故。文中说："……聚众举斧柯伐木，若以举斧柯伐木，其乡曲瘁。定夏大暑垫治，毋以聚众鼓卢（炉）乐（铄）金，若以聚众鼓卢（炉）乐（铄）金，遗火亥国，台庙将有焚者，君大堵亥焉；定秋下霜，毋以聚众凿山出金石，若以聚众凿山出金石，贤人死，哲士亡；定冬水冰，血气堇

---

① 《银雀山汉墓竹简》（贰），文物出版社，2010年，第210页。

凝，毋以聚众决口□泽通水，若以聚众决口（□泽通）水，其乡曲瘁；定夏大暑蛊治，毋以聚众凿土，若以聚众凿土，是谓攻气，国大瘁；定冬水冰，血气董凝，毋以聚众凿土，若以聚众凿土，是胃（谓）攻臧（藏），国大瘁。"

在《禁》篇中，木代表春天欣欣向荣的树木，火代表旺盛燃烧的火焰……这些东西不再简单的是一种物质，而是与时节相联系、人类生产生活中普遍加以利用的资源，所以春秋时宋大夫子罕说："天生五材，民并用之，废一不可。"（《左传·襄公二十七年》）取这些与时节相联系的生产资料作为季节之象，是上古圣贤的伟大创造，也是河图阴阳五行历的的理论基础。它在之后漫长的历史中，锁定了中国本土科学立象尽意的基本特征。

这里需要说明的一个问题是：如果五行本是与时节相联系的生产资料，何以会出现商朝以后中国先人才普遍使用的金属？早有学者注意到，金与其他四行不同，不是自然物，而是人类加工而成的，由此他们从多方推论，金行最初可能指的是气，这也是呼吸系统的肺属金的原因。①

如同中国文化中卦象经历了复杂的变化一样，或许代表季节的五行也曾发生过复杂的变化。至于其历史演化的细节，尚待更多资料的发现。

---

① 韦旭斌等：《五行教学中的某些疑点辨析》，载《中兽医医药杂志》2004 年 5 期。

银雀山汉简与河图、洛书五行四时历

二、《三十时》当是齐地遗存的河图阴阳五行历

学者们注意到,《三十时》与《管子·幼官》同,皆属于一年三十节的"五行时令",这对于我们理解河图阴阳五行历的源流极为重要。整理小组认为:"此篇性质与《月令》相近,主要讲一年中什么时候可以做什么事,不可以做什么事,同时也记录了一些物候现象。不过《月令》是给人君用的,本篇的对象则比较广泛,所以所举之事与《月令》有出入。此外,《月令》以月为单位,本篇则以十二日为一'时',并把'时'分为前后两'节',称为'上六'、'下六'。十二日为一时,一年三十时,每半年十五时。上半年和下半年均自'一时'起算,故最高时数为'十五'。《管子·幼官》:'春行冬政,肃。行秋政,雷。行夏政,阉。十二,地气发,戒春事。十二,小卯,出耕。十二,天气下,赐与。十二,义气至,修门闾。十二,清明,发禁。十二,始卯,合男女。十二,中卯。十二,下卯。'春季共八个十二,以下夏季为七个十二,秋季同春季,冬季同夏季,十二应即指十二日。分一年为三十时,每时十二日(不过《幼官》没有'时'的名称),与简文的系统相同,这大概是齐国的习俗。"①

由于本篇竹简残断过于严重,我们难窥《三十时》所含历法的细节,只知它同上古五行、四时历一样,计算一年都是从冬至开始,每时

---

① 《银雀山汉墓竹简》(贰),文物出版社,2010年,第219页。

· 63 ·

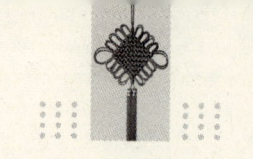

十二天，一年三十时，共三百六十天，但它强调"十二日一时，六日一节"①。为了使读者有个整体印象，我们将《三十时》前半年的节气及时令抄录如下（"【】"中文字是整理者据上下文义所补，下同——笔者注）：

二日，大寒始□，日冬至，麋解，巢生。天地重闭，地小乎，不可……

【二时，廿】四日，大寒之隆，刚气也，不可为……

【三时，三十六日】……冬没气，此欲……

【四时】四十八日，作春始解，可使人旁国……

五时，六十日，少受起，生气……

【七时，八十】四日，华实，生气也。以战客败，可为百丈千丈，敌人之地……"

【九时】，百八日，生气也。以战客败。不可……

十时，百廿日，中生，生气也，以战客败。可以为百丈千丈。可以筑宫室、墙垣、门，可以为啬【夫】……

【十一时，百三十二】日，春没。上六：刑。以战客胜。下六：生，以战客败。不可以举事，事成而身废。吏以免者不复置。春没之时也，可嫁……

【十】二时，百四十四日，始夏，生气也。……

【十三时，百】五十六日，渎，柔气也。以战客败……

在《中国方术续考》一书中，李零教授还将一年三十时列了一个完整的表，如下：

---

① 《银雀山汉墓竹简》（贰），文物出版社，2010年，第211页。

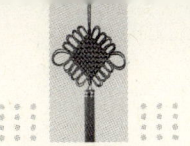

银雀山汉简与河图、洛书五行四时历

表1　　　　　　　　一年三十时

五行	四时	十二月	积时积日	时 节 名	气名及其他
木	春	春一月	4时48日	作春	始解（1）
			5时60日	少受	起生气（2）
			6时72日	乃生	生气也（3）
		春二月	7时84日	华实	生气也（4）
			8时96日	——	——（5）
			9时108日	□□	生气也（6）
		春三月	10时102日	中生	生气也（7）
			11时132日	春没	上六刑，下六生（8）
火	夏	夏一月	12时144日	始夏	生气也（9）
			13时156日	渎/绝气	柔气（10）
			14时168日	音	闭气也（11）
		夏二月	15时180日	中绝	——（12）
			16时192日	夏至	——（13）
土		夏三月	17时240日	——	盛气也（14）
			18时216日	夏没	上六生，下六刑（15）
	秋	秋一月	19时228日	［秋作］/凉气	杀气也（16）
			20时240日	——	——（17）
			21时252日	帛（白）洛（露）	——（18）
		秋二月	22时264日	——	——（19）
			23时276日	霜气	杀气也（20）
金			24时288日	秋乱	生气也（21）
		秋三月	25时300日	——	——（22）
			26时312日	秋末	上六生、下六刑（23）
	冬	冬一月	27时324日	始寒	刚气也（24）
			28时366日	贼气	杀气（25）
			29时348日	［中寒］	——（26）
水		冬一月	30时360日	——	——（27）
			1时12日	冬至/大寒始	——（28）
		冬三月	2时24日	大寒之隆	刚气也（29）
			3时36日	冬没	上六刑，下六生

资料来源：李零：《中国方术续考》，东方出版社，2000年，第405～406页。

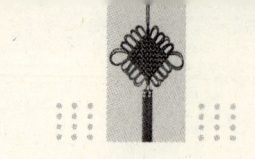

斯文在兹：中华文化的源与流

李零先生想把"三十时"纳入后世通行的四时历法，生硬地将一年从春季"作春"开始，这显然不符合《三十时》作者本意。比较起来，《银雀山汉墓竹简》（贰）整理小组的顺序更客观些。

当然，李零先生出色的研究工作仍给我们许多启发，比如他注意到，"三十时"简文除了讲了积时积日、节名气名，还讲到了各时节的物候、各时节的宜忌和相应的钟律。特别是，他把《三十时》简文和《管子·幼官》作了比较，有两点需要我们注意：

一、《三十时》有明确的一年十二个月概念，并将一年十二个月分别叫作"春一月"、"春二月"、"春三月"，"夏一月"、"夏二月"、"夏三月"，"秋一月"、"秋二月"、"秋三月"，"冬一月"、"冬二月"、"冬三月"，这和《月令》等书把四时分为孟、仲、季的做法是一样的。

二、《三十时》比《管子·幼官》更接近二十四节气的划分，其中"立春"、"立秋"叫"作春"、"作秋"，"立夏"、"立冬"叫"始夏"、"始寒"；"春分"、"秋分"叫"□□"、"霜气"；"夏至"、"冬至"，叫法与今同。"分、至、启、闭"的概念很清晰。它的时节名与《管子·幼官》相差很大，只有八个名与《管子·幼官》相同或相近，也没有《管子·幼官》中的"三卯"（始卯、中卯、下卯）、"三酉"（始酉、中酉、下酉）、"三暑"（大暑至、中暑、小暑终）、"三寒"（寒至、大寒之阴、大寒终）这样整齐的配置。

如同彝族十月太阳历存在不同的分支一样，齐地遗存的阴阳五行历亦当有不同的分支。又由于《三十时》写定于西汉初年，而《管子·幼官》写定于战国时期，这使后者更加符合河图所表示的阴阳五行历的本来面目。进一步说，时代愈晚，阴阳五行历的痕迹就显得越发模糊，同当时历法结合的程度也就越深——这当是出于时令本身指导现实生活的客观需要。

一方面，战国秦汉五行家保存了河图、洛书的本义，另一方面又使它们的本来面目越来越模糊——历史常常是矛盾的。

三、《迎四时》所见洛书四时八节历

李零先生认为《迎四时》乃古"明堂月令"之说，他注意到："(《迎四时》)内容是讲天子于东、南、西、北四堂分迎四时，形式与《月令》等书常讲的天子春居青阳，迎春于东郊；夏居明堂，迎夏于南郊；秋居总章，迎秋于西郊；冬居玄堂，迎冬于北郊相合。"①

《迎四时》全文如下：

……故距冬日至【□】六日，天子迎春於东堂……角，舞之以羽狄（翟），此迎春之乐也。距春分四十六日，天子迎夏……高七尺，堂……天子□，昌（唱）之以羽，舞之以鼓□，此迎……天子迎……九等，白□九乘，蘄（旗）……□六等，黑□六乘，蘄（旗）。

……□冬夏之乐必□□……

……春养八稚於东堂，夏养七孀于南堂，秋养九老于西堂，冬养六受（叟）于北堂，养……

此篇残缺过甚，庆幸的是，其内容与《续汉书·祭祀志中》刘昭《注补》引《皇览》以及明黄佐《六艺流别》卷十七《五行篇》所引《尚书大传》相关内容皆相似，都是讲天子迎四时之礼。三国时魏国所

---

① 李零：《中国方术续考》，东方出版社，2000年，第397页。

辑《皇览》云:"迎礼春、夏、秋、冬之乐,又顺天道,是故距冬至日四十六日,则天子迎春于东堂,距邦八里,堂高八尺,堂陛八等。青税八乘,旗旄尚青,田车载矛,号曰助天生。唱之以角,舞之以羽翟,此迎春之乐也;自春分数四十六日,则天子迎夏于南堂,距邦七里,堂高七尺,堂陛七等。赤税七乘,旗旄尚赤,田车载戟,号曰助天养。唱之以征,舞之以鼓鼖,此迎夏之乐也;自夏至数四十六日,则天子迎秋于西堂,距邦九里,堂高九尺,堂阶九等。白税九乘,旗旄尚白,田车载兵,号曰助天收。唱之以商,舞之以干戚,此迎秋之乐也;自秋分数四十六日,则天子迎冬于北堂,距邦六里,堂高六尺,堂阶六等。黑税六乘,旗旄尚黑,田车载甲铁鍪,号曰助天诛。唱之以羽,舞之以干戈,此迎冬之乐也。"

参照《皇览》,《迎四时》有两点特别值得关注:

一是洛书所代表的四时八节历,每节四十五天,在秦汉古书中记录很多。这里的"四十六日",实为每节主四十五日,诚如石一参云:"自冬至日夜半子时起顺数,历四十有五日而冬尽,又一日而立春,故合数为四十六日。"①

每节四十五天在《淮南子·天文训》中说的最为清楚,它用三个"加十五日"表示,用以说明节气与音律的对应关系,从中我们看到,二十四节气同四时八节有明显的继承关系。其中说:"日行一度,十五日为一节,以生二十四时之变。斗指子则冬至,音比黄钟。加十五日指癸则小寒,音比应钟。加十五日指丑是大寒,音比无射。加十五日指报德之维,则越阴在地,故曰距日冬至四十六日而立春,阳气冻解,音比

---

① 黎翔凤:《管子校注》,中华书局,2004年,第1530页。

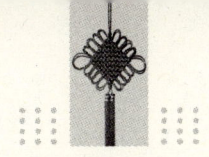

银雀山汉简与河图、洛书五行四时历

南吕。加十五日指寅则雨水,音比夷则。加十五日指甲则雷惊蛰,音比林钟。加十五日指卯中绳,故曰春分则雷行,音比蕤宾。加十五日指乙则清明风至,音比仲吕。加十五日指辰则谷雨,音比姑洗。加十五日指常羊之维则春分尽,故曰有四十六日而立夏,大风济,音比夹钟。加十五日指巳则小满,音比太蔟。加十五日指丙则芒种,音比大吕。加十五日指午则阳气极,故曰有四十六日而夏至,音比黄钟。加十五日指丁则小暑,音比大吕。加十五日指未则大暑,音比太蔟。加十五日指背阳之维则夏分尽,故曰有四十六日而立秋,凉风至,音比夹钟。加十五日指申则处暑,音比姑洗。加十五日指庚则白露降,音比仲吕。加十五日指酉中绳,故曰秋分雷戒,蛰虫北乡,音比蕤宾。加十五日指辛则寒露,音比林钟。加十五日指戌则霜降,音比夷则。加十五日指蹄通之维则秋分尽,故曰有四十六日而立冬,草木毕死,音比南吕。加十五日指亥则小雪,音比无射。加十五日指壬则大雪,音比应钟。加十五日指子。"(文意:北斗每天运行一度,运行十五天为一个节气,产生出一年二十四节气的变化。斗柄指向子位时就是冬至,音律配黄钟。经过十五天斗柄指向癸位时就是小寒,音律配应钟。经过十五天斗柄指向丑位时就是大寒,音律配无射。经过十五天斗柄指向报德之维的丑寅之间,这时表示阴气已散扩到地底下。所以说距离冬至四十六天就是立春,阳气消融冰冻,音律配南吕。经过十五天斗柄指向寅位时就是雨水,音律配夷则。经过十五天斗柄指向甲位时就是惊蛰,春雷惊动万物,音律配林钟。经过十五天斗柄指向卯辰,与卯酉纬线相合,故这是春分而雷鸣发生,音律配蕤宾。经过十五天斗柄指向乙位时就是清明风到,音律配仲吕。经过十五天斗柄指向辰位时就是谷雨,音律配姑洗。经过十五天斗柄指向常羊之维的辰巳之间,这时表示春季时令结束。所以说春分以后四十六天就是立夏，大风止息，音律配夹钟。经过十五天斗柄指向巳位时就是小满，音律配太蔟。经过十五天斗柄指向丙位时就是芒种，音律配大吕。经过十五天斗柄指向午位时，这时阳气达到极点。所以说立夏以后四十六天就是夏至，音律配黄钟。经过十五天斗柄指向丁位时就是小暑，音律配大吕。经过十五天斗柄指向未位时就是大暑，音律配太蔟。经过十五天斗柄指向背阳之维的未申之间，这时表示夏季时令结束。所以说夏至以后四十六天就是立秋，凉风吹来，音律配夹钟。经过十五天斗柄指向申位时就是处暑，音律配姑洗。经过十五天斗柄指向庚位时就是白露，露水降临，音律配仲吕。经过十五天斗柄指向酉辰，与酉卯纬线相合，这是秋分，雷鸣收藏，冬眠动物开始钻进面南的洞穴，音律配蕤宾。经过十五天斗柄指向辛位就是寒露，音律配林钟。经过十五天斗柄指向戌位时就是霜降，音律配夷则。经过十五天斗柄指向蹄通之维的戌亥之间，这时表示秋季时令结束。所以说秋分以后四十六天就是立冬，草木枯死，音律配南吕。经过十五天斗柄指向亥位时就是小雪，音律配无射。经过十五天斗柄指向壬位时就是大雪，音律配应钟。经过十五天斗柄指向子位时表示一年二十四节气运转完毕。）

与《墨子·迎敌祠》一样，《迎四时》言及四方与数字的关系时，与河图全同，用词亦相类。《墨子·迎敌祠》中说："敌以东方来，迎之东坛，坛高八尺，堂密八。年八十者八人，主祭青旗。青神长八尺者八，弩八，八发而止。将服必青，其牲以鸡；敌以南方来，迎之南坛，坛高七尺，堂密七，年七十者七人，主祭赤旗，赤神长七尺者七。弩七，七发而止。将服必赤，其牲以狗；敌以西方来，迎之西坛，坛高九尺，堂密九。年九十者九人，主祭白旗。素神长九尺者九，弩九，九发

而止。将服必白,其牲以羊;敌以北方来,迎之北坛,坛高六尺,堂密六。年六十者六人,主祭黑旗。黑神长六尺者六,弩六,六发而止。将服必黑,其牲以彘。"(文意:敌人从东方来,就在东方的祭坛上迎祭神灵,坛高八尺,宽深也各八尺;由八个年龄八十岁的人主持祭青旗的仪式,安排八尺高的八位东方神,八个弓箭手,每个弓箭手射出八支箭。将领的服装必是青色,用鸡作祭品;敌人从南方来,就在南方的祭坛上迎祀神灵,坛高七尺,宽深也各六尺;安排七个年龄七十的人主持祭赤旗的仪式。准备七尺高的南方赤神七尊,弓箭手七个,每人发射七支箭。将领的军服一定要赤色,用狗作祭品;敌人从西方来,就在西边的祭坛迎祭神坛高九尺,宽深也各为九尺。九个年龄九十岁的人主持祭白旗的仪式。九尺高的西方白神九尊,九个弓箭手每人发射九支箭。将领的军服一定要白色的,用羊作祭品;敌人从北方来,就在北方的祭坛上迎祭神灵,祭坛高六尺,宽深各为六尺;由六位年龄六十岁的人主持祭黑旗的仪式。高六尺的北方黑神六尊,六个弓箭手每人各发六支箭。将领的军服一律黑色,用猪作祭品。)

古建祠(坛)之法(尤其是高度)合于河图之数,希望考古学家将来能够找到相关实物证据。

秦汉论五行者习惯于将一年二十四节气的农历与上古五行、四时历混同起来,这也是在相当长一个时期内,后世学者不能发现《管子》中河图、洛书图说遗篇的重要原因。

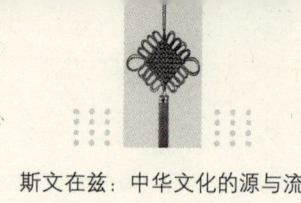

四、《四时令》当为"五行令"

《四时令》的篇题为整理者所加，显得很不恰当。因为本篇只是《管子·五行第四十一》的另一个版本，其文字相近，当为"五行令"才对。整理者亦注意到了"此篇简文与《管子·五行》后半篇接近"[1]，那为什么称之为"四时令"呢？整理者在"……□□□缓刑□，免罪人，为……□□，草木养长，五谷繁实而英大矣"一段的注中说："《五行》中与以上一段相近之文字为：'……大扬惠言，宽刑死，缓罪人。出国司徒令，命顺民之功力以养五谷。君子之静居，而农夫修其功力极。然则天为粤宛，草木养长，五谷蕃实秀大……'《五行》篇分一年为五个'七十二日'，此段文字属于'土行御'之第三个'七十二日'，由于竹简残缺，简文是否在夏秋之间分出代表土德的一段时间与四时并列，已不可知。简文此数句也可能就属于'四月朔日……'段。"[2]

显而易见，简文与《管子·五行第四十一》最大的不同就是在时间的记录上，它以今天仍流行的四时系统替代了阴阳五行历的五时系统，显得十分混乱。二者对应关系如下（前者为《银雀山汉墓竹简·四时令》四时系统，后者为《管子·五行第四十一》五时系统）：

正月朔日——睹甲子木行御（七十二日）

四月朔日——睹丙子火行御（七十二日）

---

[1] 《银雀山汉墓竹简》（贰），文物出版社，2010年，第225页。

[2] 《银雀山汉墓竹简》（贰），文物出版社，2010年，第225页。

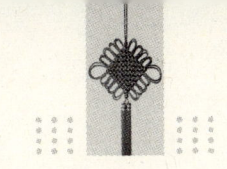

银雀山汉简与河图、洛书五行四时历

（不详）——睹戊子土行御（七十二日）

七月朔日——睹庚子金行御（七十二日）

十月朔日——睹壬子水行御（七十二日）

我们不知道《四时令》的作者是如何安排"土行御"第三个季节的。这种矛盾在同为河图说的《管子·幼官第八》就存在，至《四时令》写定时已经变得更为复杂化了，那是后人试图将五季（行）规整地纳入到四时系统之中时必然遇到的困境。

另外，《四时令》开篇讲到"……与天调，然后天地之报有……"，《管子·五行第四十一》中相似文句是："人与天调，然后天地之美生。"中国人从个人生活到社会生活，追求与大自然的和谐统一，这种观念可谓源远流长。

《四时令》简文并不长，兹将其主要内容抄录如下，供读者参考。

……与天调，然后天地之报有……

【正月朔日天子】出令，命东辅入御，令曰：总版，列爵，选贤不宵（肖），受（授）士……禁斩伐，所以养……蛰虫印剽，春辟（避）审……

【四月朔日，天子出令，命南辅入御，令曰：】……驰车马，所以发大气也。然【则天无】疾风，草木偃印（仰）也。□气□，民不疾，荣华……

……□□□缓刑□，免罪人，为……□□，草木养长，五谷繁实而英大矣。

七月朔日，天子出令，命西辅入御，令曰：趣赋敛，兴力事，审关市，斩伐勿禁，弋射，田邋（猎）勿御，然则天为之□寒下霜，草木收敛，五谷成孰（熟）而实坚矣。

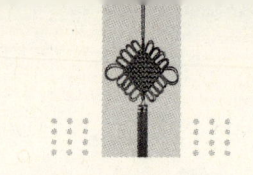

十月朔日,天子出令,命北□入御,令曰:擅(缮)甲历兵,合计为伍,修封四疆□……【所以】责天地之闭臧(藏)也……

五、《五令》中隐含的五行生克关系

《五令》篇全文如下:

德令者,求诸孤帅不能自衣食者,禀(廪)气(饩)之,以助生,毋雍(壅)塞川泽。雍(壅)塞川泽,发令者有咎,民多肠疾。

义令者,求孝弟(悌)为□乡里者,赏之以助长遂,毋□兵令,禁□水代(伐)木者。□之,则五谷有灾,民多单(瘅)疾。

惠令者,求行年八十者,修(修)其牀席,问其饮食,以固守。

威令者,求不孝弟(悌),凌暴傲悍而罚之,以助损气,使谷毋复,毋发赣赐,发赣赐,大风至,蚤(早)杀,马牛迟。

罚令者,抶盗贼,开诇诈伪人而杀之,以助藏地气,使民毋疾役,毋修义(议)赏之令,修义(议)赏之令,羊□迟。

故德令失,则羽虫为灾;义令失,则毛虫为灾;惠令失,泽赢(裸)虫为灾;威令失,则界(介)虫为灾;罚【令失,则鳞虫为灾】。

【□虫为灾则发】□令,赢(裸)虫为灾则发德令,□□□灾则发罚令,界(介)虫为灾则发义令,羽虫为灾则发威令,此顺天道。

该篇在结构上极为严谨,前五段讲了"五令"的内容,后两段讲了政治上"五令"与自然界"五虫"的相生、相克的关系。五行与五虫的对应关系与《管子·幼官第八》中全同,即羽虫属木行,毛虫属火行,裸虫属土行,介虫属金行,鳞虫属水行。只是《管子·幼官第八》

没有提到"五令"与"五虫"的相克关系——二者的生克关系，我们图示如下：

可惜的是，《银雀山汉墓竹简·五令》篇不像《管子·幼官第八》那样存在与历法、时令相关的具体内容，但我们从中能够清楚地看到数术上的五行理论与上古五行历密切相关，前者当源于后者，为后者之末流。

从大历史的角度看，中国学术经历了五次大的变迁：从河图、洛书时代漫长的文化草创期到西周王官学的形成，一变也；东周礼崩乐坏，由王官学流变为诸子百家之学，二变也；战国、秦汉中国走向大一统，黄老之学集诸子百家之大成，三变也；汉以后，佛学大兴，道家流于道教，儒家通过改造吸收王官学、排斥诸子学逐步取得独尊地位，四变也；清末民初，面对西方列强的野蛮入侵，西学取代儒学的独尊地位，中国本土学术不绝如缕，五变也——今天，我们复兴中华文明，主要是复兴集先秦诸子百家之大成的黄老之学。并在黄老之学的基础上，理智融会庞杂的西方文化——这是 21 世纪中国学人不得不面对的重大历史性课题。

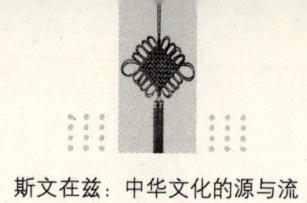

斯文在兹：中华文化的源与流

第一章　重新评价儒家在中国文化中的地位

一位美籍华裔学者研读诸子百家，读到集诸子学之大成的黄老学核心经典《管子》时，为其广大精深所感，却怎么也弄不明白为何管子的地位反不如孔子高。后来这位学者自称"想"通了，在给笔者的一封信中，他道出了自己的想法：

"我在阅读诸子百家的书籍时，被《管子》的博大精深所震撼。当时就想为什么孔子的历史地位会高于管仲。我觉得我后来想通了。孔子的历史地位，得益于他是西周礼崩乐坏以后，中华民族文化复兴，自下而上的推动者和传播者。要不是孔子选编了《诗》、《书》等等历史文献作为教材，深入民间，广为传播，经历了秦始皇焚书的灭顶之灾，还能'野火烧不尽，春风吹又生'，中华民族的上古政治史和政治思想史，就更难溯源了。"

简而言之，孔子的巨大历史作用就在于为中华文化保存了火种。没有孔子，以《诗》、《书》为代表的中华文化元典将不复存在。

观孔子言行，实为时中之圣，兼容百家，无可无不可；又一生诲人不倦，弟子中人杰辈出，亦兼百家。章太炎先生写道："孔子之门甚广大，非皆儒也，故云'夫子之门，何其杂也'？子贡纵横家，子路任侠之士又兼兵家。然儒家之有权谋者，亦仍本乎道家。"①

孔子对于中国文化传承居功甚伟，这是不容否定的。

但我们对孔子的历史作用也不能肆意夸大。因为在保存中国文化的火种方面，孔子死后，推崇孔氏的后世儒家对中国文化有着极大的负面影响，主要表现为儒家对中华文化元典的系统化删除和改造。

这里所说的元典指在中国文化中长期被推崇备至的六经，即《诗》、《书》、《礼》、《乐》、《易》、《春秋》。南朝刘勰（约465~520年）《文心雕龙·宗经》释"经"云："三极彝训，其书曰经。经也者，恒久之至道，不刊之鸿教也。故象天地，效鬼神，参物序，制人纪，洞性灵之奥区，极文章之骨髓者也。"（大意是：说明天、地、人常道的，这种书叫作"经"。所谓"经"，就是永恒的道理，不可改易的伟大教训。经书取法于天地，征验于鬼神，深究事物的秩序，从而制订出人类的纲纪；它们深入到人的灵魂深处，并掌握了文章最根本的东西。）

《诗》、《书》、《礼》、《乐》、《易》、《春秋》皆先秦古书，其在中华文明中的核心作用是不容置疑的，《诗》、《书》、《礼》、《乐》更是西周大学的基础教材。那么，后世儒家是如何对这些文化元典进行任意删除和肆意改造的呢？具体包括"下刀子"、"戴帽子"和"掺沙子"三种方法。

一、儒家针对《尚书》"下刀子"

先说"下刀子"，这主要针对《诗》、《书》而言。

---

① 章太炎：《儒家之利病》，《章太炎讲国学》，吉林人民出版社，2007年，第67~68页。

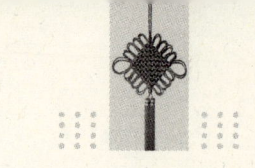

斯文在兹：中华文化的源与流

最早提到孔子删诗的是司马迁，在《史记·孔子世家》中，他称古代留传下来的《诗》有三千多篇，孔子把重复的删掉，选编其中合于礼义的三百多篇，上面说："古者《诗》三千余篇，及至孔子，去其重，取可施于礼义，上采契、后稷……"

自唐代孔颖达以来，司马迁的上述说法就遭到了相当大的质疑，一个很难辩驳的证据是：在可靠的先秦典籍（包括20世纪新发现的帛书、竹简）中，我们发现的逸诗相对来说很少，如果孔子对《诗经》作了大幅度删节的话，逸诗数量当是很多的，而事实不是这样。孔颖达《毛诗正义·诗谱序疏》中就曾明确指出了这一点，他说："如《史记》之言，则孔子之前，诗篇多矣。案书传所引之诗，见存者多，亡逸者少，则孔子所录，不容十去其九。司马迁言古诗三千余篇，未可信也。"

后来，清代史学家赵翼（1727~1814年）应用现存的主要春秋信史《左传》和《国语》二书进行了更详细的考证，他发现《国语》中逸诗仅占所谓孔子删存诗的三十分之一，《左传》中这一数字为二十之一，可见逸诗的比例之小。在《陔馀从考》卷二"古诗三千之非"中，他指出："司马迁谓古诗三千余篇，孔子删之为三百五篇。孔颖达、朱彝尊皆疑古诗本无三千，今以《国语》、《左传》二书所引之诗校之，《国语》引诗凡三十一条，惟卫彪引武王'饫歌'，及公子重耳赋'河水'二条，是逸诗。而'河水'一诗，韦昭注又以为'河'当作'沔'，即'沔彼流水'，取'朝宗于海'之义也。然则《国语》所引逸诗仅一条，而三十条皆删存之诗，是逸诗仅删存诗三十之一也；《左传》引诗共二百十七条，其间有丘明自引以证其议论者，犹曰丘明在孔子后，或据删定之诗为本也。然丘明所述仍有逸诗，则非专守删后之本

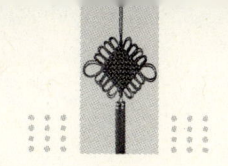

也。至如列国公卿所引及宴享所赋,则皆在孔子未删以前也,乃今考左丘明自引及述孔子之言所引者,共四十八条,而逸诗不过三条。其余列国公卿自引诗共一百一条,而逸诗不过五条。又列国宴享歌诗赠答七十条,而逸诗不过五条。是逸诗仅删存诗二十之一也。若使古诗有三千余则,所引逸诗宜多于删存之诗十倍,岂有古诗则十倍于删存诗,而所引逸诗反不及删存诗二、三十分之一?以此而推,知古诗三千之说不足凭也。"

今人黄开国、唐赤蓉也统计了《左传》和《国语》引诗的情况,与赵翼的统计略有出入,但结论都是一样的,就是司马迁所说的孔子删诗一说难以成立。按他们的统计,《左传》和《国语》逸诗仅十五条,占两书所引《诗》约三百条总数的二十分之一。如果孔子删定的《诗经》原有三千篇,佚诗的数量至少应多出见于今本《诗经》的数倍以上,而不仅仅是十五条。他们论证说:"春秋时期的15条佚诗,占所见诗文的二十分之一。而史书称,孔子删《诗》曾将古诗三千篇删定为三百零五篇,其比例是十比一。按孔子删诗之比,《左传》、《国语》中所见春秋时期人们引用今本《诗经》有250条以上,那么,所见佚诗就应当有2500来条,但是,所见佚诗只有14条(原文如此,似当为"15条"——笔者注),仅有今本《诗经》的二十分之一,其数量未免过于悬殊了。换一个角度来说,春秋时期人们所引、赋的诗文百分之九十五都见于今本《诗经》,这些诗文绝大多数都是孔子以前就存在的,而且,春秋时期人们的引诗、赋诗都各有所取,不像所谓孔子删诗那样划一,所以,春秋时期所存诗文见于今本三百篇者,绝不可能是孔子所删之《诗经》,而是当时通行于各国的《诗经》。既然当时有通行于各国的《诗经》,见于春秋时期人们所引诗文只有极小部分是佚诗,那么,所谓

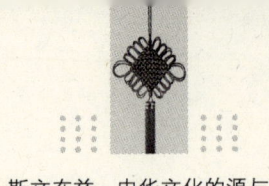

孔子删诗三千篇为三百篇之说就是极可怀疑的了。"①

事实上,除了《史记》的记述,没有太多证据表明孔子大量删过诗。一定数量佚诗的存在是可以的理解,因为"孔子之时,周室微而礼乐废,《诗》、《书》缺"(《史记·孔子世家》),春秋时《诗经》已经不完整了。

孔子不曾删诗,后世儒生却曾大量"删书"。进一步说,儒家真正"下刀子"的是中国本土最重要的政治经济学元典《书经》,而不是《诗经》。

后世儒生"删书"最明确的证据是流传至今、为学人长期忽视的《逸周书》。颜师古注《汉书·艺文志》"《周书》七十一篇,周史记"引刘向语:"周时诰誓号令也,盖孔子所论百篇之余也。"《隋书·经籍志·杂史类》则直接称"《周书》十卷,汲冢书,似仲尼删书之余"。

事实上很难说孔子曾亲自删书,因为春秋战国时人们并未忽视《逸周书》,而是将之与《尚书》列于同等地位。那么后世儒家为何不重视《逸周书》呢?原因很简单,因为其中内容多不符合儒家的意识形态标准,这是他们对《尚书》"下刀子"的最根本原因。由于学术上的惯性,一直到21世纪的今天,《逸周书》也没有引起学界足够的重视,取得同今文《尚书》平等的地位。李学勤教授在为黄怀信《逸周书校补注译》所作的序中叙述该书历史时写道:"《逸周书》是我国重要的古代典籍之一,书中记述的史事,如唐刘知几《史通》所说,上自文、武,下终灵、景,相当丰富。看《左传》、《战国策》,春秋战国时人常征引

---

① 黄开国、唐赤蓉:《诸子百家兴起的前奏:春秋时期的思想文化》,巴蜀书社,2004年,第156页。

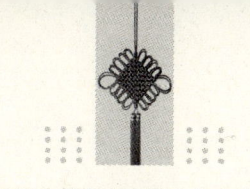

重新评价儒家在中国文化中的地位

现存《逸周书》中的一些篇章，称之为《书》或《周书》，同后来称作《尚书》的各篇不加区别。《汉书·艺文志》著录这部书，仍题为《周书》，说明是'周史记'，列于《六艺略》之《尚书》诸家之后，可见其地位相当重要。后来人们逐渐忽视，到清代《四库》，仅收入史部的别史类，与经部的《尚书》就有天壤之别了。"①

从某种意义上说，《逸周书》比今文《尚书》更具学术价值，特别是对于研究中国本土政治经济学尤其是这样——我们再也不能对这样重要的中华文化元典弃如敝履了！

关于后世儒生删书的数量，《尚书纬》中曾提到："孔子求书，得黄帝玄孙帝魁之书，迄于秦穆公。凡三千二百四十篇。断远取近，定可为世法者百二十篇，以百二篇为《尚书》，十八篇为《中侯》。"由于纬书多不可信，此说难从。

据黄开国、唐赤蓉统计，《左传》和《国语》二书中人们引用《尚书》共五十九条，重复的有六条，实际为五十三条。其中，见于今文《尚书》的有二十一条，重复一条。不见于今文《尚书》的有三十八条，重复五条。这种情况与春秋时《诗经》引文多见今本《诗经》相反，有多达五分之三的引文在今文《尚书》之外。②

从《左传》和《国语》引《书》的情况看，我们可以推测后世儒生删书的数量还是较大的。

---

① 黄怀信：《逸周书校补注译》，西北大学出版社，1996年，第1页。
② 黄开国、唐赤蓉：《诸子百家兴起的前奏：春秋时期的思想文化》，巴蜀书社，2004年，第190~196页。

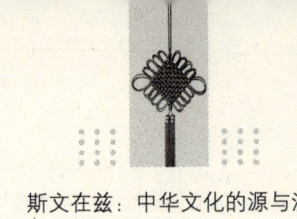

斯文在兹：中华文化的源与流

二、儒家拿礼、乐"戴帽子"

再说"戴帽子"，这主要针对礼、乐而言。

礼、乐完全不同于《诗》、《书》，它属于西周贵族子弟必学的基本技能，与射、御、书、数并称。《周礼·地官司徒第二·保氏》云："保氏掌谏王恶，而养国子以道。乃教之六艺：一曰五礼，二曰六乐，三曰五射，四曰五驭，五曰六书，六曰九数。"其中"五礼"为：吉礼、凶礼、宾礼、军礼、嘉礼；"六乐"实际是指黄帝、唐、虞、夏、商、周这六代之乐，分别是：《云门》、《大咸》、《大韶》、《大夏》、《大濩》、《大武》。

正是由于礼乐的实践性，使《礼经》（即《仪礼》）和《乐经》远远不如《诗》、《书》一样成书那么早，甚至连《乐经》是否存在都成了问题。

参阅《左传》和《国语》，《诗》、《书》，《易》都被大量引用，唯有《仪礼》，根本就没有被明确引用过。可见春秋时虽有《礼志》之类著作出现，但《仪礼》还没有成书。不过，从周代金文以及《尚书》、《逸周书》、《国语》、《左传》、《毛诗》的记载看，周代的礼仪已经规范化，冠礼、觐礼、聘礼、飨礼、丧礼等，其仪节与《仪礼》所见多有相同或相似之处。

作为礼仪专家，孔子在《仪礼》的形成过程中似乎起过相当大的作用。据《礼记·杂记下第二十一》，鲁人恤由死后，鲁哀公曾派孺悲向孔子学习士丧礼，《士丧礼》由此被正式记录下来了。其中说："恤由之

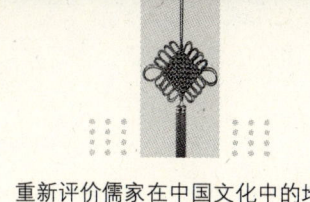

丧，哀公使孺悲之孔子，学士丧礼，士丧礼，于是乎书。"

不过孔子主张的礼根本没有实践的可行性，不仅遭到了与他同时代的晏婴的反对，就连自己的孙子子思也抛弃了他一生孜孜以求的礼仪。①

既然孔子的礼不可行，那么秦汉以后的中国礼乐制度源于何处呢？答曰：秦礼。

秦朝统一天下，不仅仅包括统一文字、统一货币、统一度量衡等等，还包括礼制的统一。具体作法是在秦国原有礼仪的基础上，充分吸收山东六国礼制文化中合于古礼的优秀成分。高祖时，熟悉秦礼、曾在秦为待诏博士的叔孙通正是在秦礼的基础上制定了汉家礼仪。《史记·礼书》记此事云："至秦有天下，悉内六国礼仪，采择其善，虽不合圣制，其尊君抑臣，朝廷济济，依古以来。至于高祖，光有四海，叔孙通颇有所增益减损，大抵皆袭秦故。自天子称号，下至佐僚及宫室官名，少所变改。"（大意是：至秦统一天下，收罗六国礼仪制度，择其善者而用之，虽与先圣先贤的制度不合，却也尊君抑臣，使朝廷威仪，庄严肃穆，与古代相同。到汉高祖光复四海，拥有天下，儒者叔孙通增损秦制，制定了汉代制度。主体却是沿袭秦制，上自天子称号，下至僚佐和宫殿、官名，都很少变更。）

公元前202年，叔孙通在向汉高祖建议制定朝仪时也是主张损益秦礼。《史记·叔孙通传》载叔孙通言："五帝异乐，三王不同礼。礼者，因时世人情为之节文者也。故夏、殷、周之礼所因损益可知者，谓不相复也。臣愿颇采古礼与秦仪杂就之。"（大意是：五帝有不同的乐，三王

---

① 翟玉忠：《中国拯救世界：应对人类危机的中国文化》，中央编译出版社，2010年，第212~213页。

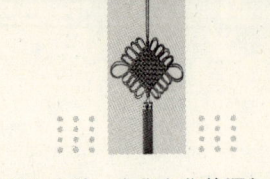

有不同礼节。礼,就是按照当时的世事人情给人们制定出节制或修饰的仪则。从夏、殷、周三代的礼节有所沿袭、删减和增加的情况看就可以明白这一点,就是说不同朝代的礼节是不相重复的。我愿意略用古代礼节与秦朝的礼仪糅合起来制定新礼节。)

叔孙通不仅制定了汉初临朝的典礼朝仪,还奠定了西汉礼制的基础,终成一代儒宗。《史记·叔孙通传》载:"高帝崩,孝惠即位,乃谓叔孙生曰:'先帝园陵寝庙,群臣莫习。'徙为太常,定宗庙仪法。及稍定汉诸仪法,皆叔孙生为太常所论箸也。"(大意是:汉高帝去世,孝惠帝即位就对叔孙先生说:"先帝陵园和宗庙的仪礼,臣子们都不熟悉。"于是叔孙通又调任太常官职,他制定了宗庙的仪礼法规。此后又陆续地制定了汉朝诸多仪礼制度,这些都是叔孙通任太常时论定著录下来的。)

司马迁赞曰:"叔孙通希世度务,制礼进退,与时变化,卒为汉家儒宗。'大直若诎,道固委蛇',盖谓是乎?"(大意是:叔孙通善于看风使舵,揣摩事务,制定礼仪法规或取或舍,能够随着时世来变化,最终成了汉代儒家的宗师。"最正直的好似弯曲,事理本来就是曲折向前的",大概说的就是这类事情吧!)

整体上司马迁是肯定叔孙通的,但北宋王安石却以为叔孙通用秦礼败坏了纯正的儒学,实乃儒林罪人。王安石《叔孙通》诗云:"先生秦博士,秦礼颇能熟。量主欲有为,两生皆不欲。草具一王仪,群豪果知肃。黄金既遍赐,短衣亦已续。儒术至此凋,何为反初服?"

叔孙通制礼功过任后人评说。有一点是肯定的:汉承秦制,不仅在法律上,在礼仪上也是这样。所以,溯其渊源,汉家之礼出于长期行法家之秦——而汉家制度又直接影响了后世的礼乐制度。

所以,儒家将制礼作乐全部归入自己门下是极其荒唐的,实际上等

于为儒家戴了个高帽子,从而掩盖了太多重要的历史事实!

《礼经》(《仪礼》)后世儒家毕竟立了起来,《乐经》儒家连高帽子都戴不成。为什么呢?因为礼、乐、诗在周人的生活中是联系在一起的,行礼必奏乐,乐之辞即为诗。汉儒只重义理,声乐则由宫廷乐官掌握。在某种意义上说,正是出于汉儒对音乐义理的过度强调,才导致乐在汉以后的衰微。宋人郑樵(1104~1162年)《通志·乐略·乐府总序》总结说:"礼乐相须以为用,礼非乐不行,乐非礼不举。自后夔以来,乐以诗为本,诗以声为用,八音六律为之羽翼耳。仲尼编诗,为燕享祀之时用以歌,而非用以说义也。古之诗今之辞曲也,若不能歌之但能诵其文而说其义可乎?不幸腐儒之说起,齐、鲁、韩、毛四家各为序训而以说相高,汉朝又立之学官,以义理相授,遂使声歌之音,湮没无闻。然当汉之初,去三代未远,虽经主学者不识诗,而太乐氏以声歌肄业,往往仲尼三百篇,瞽史之徒例能歌也,奈义理之说既胜,则声歌之学日微。"

一个长期困扰中国学人的问题是:《乐经》存在吗?就如同《仪礼》为后儒所记一样,《乐经》也是不存在的,史上存在的只是记载声乐和音乐理论的一些文献。比如今天我们看到的上海博物馆藏战国楚竹书"采风曲目",就记载了40首诗的篇名和演奏诗曲吟唱的各种音高,而今存《礼记·乐记》则重在乐论。

最为荒唐的是,儒家造不出《乐经》,干脆将责任推给了秦始皇。从东汉班固开始,就有人坚信秦燔书而《乐经》亡。事实上,秦始皇根本不可能焚礼、乐,因为礼乐多实践性,和诗、书不同,关键不在文本,不能一把火烧掉。《史记·秦始皇本纪》记载丞相李斯的建议很清楚:为恢复西周"官守其书"的传统,禁私家之学,才禁"非博士官所职"的私家藏书，且根本没有烧《礼经》、《乐经》。其中说："丞相臣斯昧死言：古者天下散乱，莫之能一，是以诸侯并作，语皆道古以害今，饰虚言以乱实，人善其所私学，以非上之所建立。今皇帝并有天下，别黑白而定一尊。私学而相与非法教，人闻令下，则各以其学议之，入则心非，出则巷议，夸主以为名，异取以为高，率群下以造谤。如此弗禁，则主势降乎上，党与成乎下，禁之便。臣请史官非秦记皆烧之。非博士官所职，天下敢有藏《诗》、《书》、百家语者，悉诣守、尉杂烧之。有敢偶语《诗》、《书》者弃市，以古非今者族，吏见知不举者与同罪，令下三十日不烧，黥为城旦。所不去者，医药卜筮种树之书。若欲有学法令，以吏为师。"

《史记·李斯列传》的记载与上文相类，只是没有烧书的记载。录在下面，以免读者翻检之功：

"古者天下散乱，莫能相一，是以诸侯并作，语皆道古以害今，饰虚言以乱实，人善其所私学，以非上所建立。今陛下并有天下，别白黑而定一尊；而私学乃相与非法教之制，闻令下，即各以其私学议之，入则心非，出则巷议，非主以为名，异趣以为高，率群下以造谤。如此不禁，则主势降乎上，党与成乎下。禁之便。臣请诸有文学《诗》、《书》百家语者，蠲除去之。令到满三十日弗去，黥为城旦。所不去者，医药卜筮种树之书。若有欲学者，以吏为师。"

进一步说，如果《乐经》真的存在，博士官手中这类国家藏书是不会被禁的。汉惠帝四年（公元前191年），秦的《挟书律》才被废止。汉宫中百家图书皆在，却独不见《乐经》，足见乐本无经！

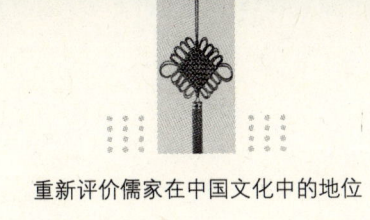

重新评价儒家在中国文化中的地位

三、儒家以《易》、《春秋》"掺沙子"

最后说后世儒生对中国文化元典"掺沙子",这主要针对《易》、《春秋》而言。

西周大学,只学诗、书、礼、乐四术,本无《易》和《春秋》,鲁国史书《春秋》和不太重要的筮书《易》并没有经的地位。孔子教学生,也是教四术,并不包括《易》和《春秋》。《史记·孔子世家》中明确说:"孔子以诗、书、礼、乐教,弟子盖三千焉,身通六艺者七十有二人。"

《商君书》诸篇多次称举诗、书、礼、乐,而不及《易》与《春秋》。到战国,才有了六经并称的提法。

当然,《易》和《春秋》后来取得经学地位是与孔子的重视和修订分不开的。

春秋时,《易》是一本不太重要的占卜之书。据黄开国、唐赤蓉统计,《左传》和《国语》中明确言及《周易》之名及其卦、爻辞的共有二十三条,《左传》有二十条,《国语》有三条,其中只有一条言及义理,有二十一条用于占卜吉凶成败。可见在春秋人的心中,《周易》主要用于占卜。①

黄开国、唐赤蓉还注意到,相对于龟卜,《易》筮数量很少,二者

---

① 黄开国、唐赤蓉:《诸子百家兴起的前奏:春秋时期的思想文化》,巴蜀书社,2004 年,第 104~115 页。

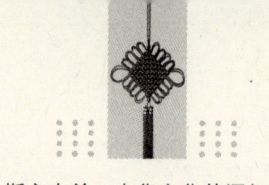

发生矛盾时,总是从卜不从筮。也就是说,《易》筮在春秋时远没有龟卜的地位高、影响大。

到战国,《易》在儒家内部也没有什么重要的地位。《孟子》常常引用《诗》、《书》,却不及《易》,一代大儒孟子似乎根本就没有研究过《周易》。荀子在讨论经典的学习时,只谈《诗》、《书》、《礼》、《乐》、《春秋》,而不及《易》。比如在《劝学第一》中,荀子认为《诗》、《书》、《礼》、《乐》、《春秋》就足以囊括存在于天地之间的全部道理了:"《礼》之敬文也,《乐》之中和也;《诗》、《书》之博也,《春秋》之微也,在天地之间者毕矣。"《荀子·儒效第八》谈"四术"、"五经",也不言《易》:"圣人也者,道之管也。天下之道管是矣,百王之道一是矣,故《诗》、《书》、《礼》、《乐》之归是矣。《诗》言是,其志也;《书》言是,其事也;《礼》言是,其行也;《乐》言是,其和也;《春秋》言是,其微也。"

因为《易》只是一本普通的占卜之书,所以秦始皇并没有禁止它在民间通行,使《易》能够为儒家所传承,直到汉代取得了五经之首的地位。《汉书·儒林传》记《易》的传承史云:"自鲁商瞿子木受《易》孔子,以授鲁桥庇子庸。子庸授江东臂子弓,子弓授燕周丑子家,子家授东武孙虞子乘,子乘授齐田何子装。及秦禁学,而《易》为卜筮之书,独不禁,故传授者不绝也。"

《易经》最终在汉代取得五经之首的地位,主要是由于孔子对其义理化的阐释。《周易》中的卦辞和爻辞用于占卜,隐晦难懂。孔子及后世儒者对《周易》进行了全面的阐发,称为《易传》。著名的有十篇,称《十翼》,分别是:《上彖》、《下彖》、《上象》、《下象》、《上系》、《下系》、《文言》、《序卦》、《说卦》、《杂卦》。《史记·孔子世家》中

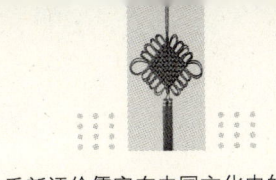

说:"孔子晚而喜《易》,序《彖》、《系》、《象》、《说卦》、《文言》。"

今天已经很少有人相信孔子真是《易传》的作者,但孔子将《易经》作了义理化解读却是无法否认的。我们从《论语》、《吕氏春秋》以及西汉《帛书周易·要》等古籍中能够清楚地看到这一点。《要》篇记载说:"夫子老而好《易》,居则在席,行则在囊……子赣曰:夫子亦信其筮乎?曰:吾百占而七十当,唯周梁山之占(似为一种占法——笔者注)也,亦必从其多者而已矣。子曰:《易》,复其祝卜矣,我观其德义耳也。幽赞而达乎数,明数而达于德,则其为之。史巫之筮,乡之而未也,好之而非也。后世之士疑丘者,或以《易》乎?求其德而已,吾与史巫同途而殊归者也。君子德行焉求福,故祭祀而寡也;仁义焉求吉,故卜筮而希也。祝巫卜筮其后乎?"(大意是:孔子晚年非常喜欢《周易》这部书,居住下来时便把它放在席上,出门行走时便把它放在袋子里……子赣说:夫子也相信《周易》的占筮吗?孔子说:我占筮一百次只有七十次占中了,就是周梁山之占,也必须服从多数呀!孔子说:《周易》我撇开它的祝卜成分,观察其中的品德仁义。幽赞于神明而通达于筮策数,明了筮策数而通达于品德。我对于史巫的占筮,向往而没有达到,喜欢它但却不以为然。后世的人怀疑我孔丘的,或者就是因为《周易》吧!我求其德而已,我与史巫同路而不同目标。君子靠自己修道进德去追求幸福,因此祭祀求神比较少;靠自己施行仁义去追求吉利,因此不老去卜筮。祝巫卜筮不是应放在很次要的位置吗?)

孔子轻占卜,重义理,与史巫"同途而殊归"奠定了儒家研究《周易》的历史方向,没有《易传》,《周易》不可能成为儒家经典,也不可能堂而皇之地列入五经之中。汉代、儒家将《周易》推崇到了无以复加的地位,这在《汉书·艺文志》中极为明显,《易》成为比《书》更

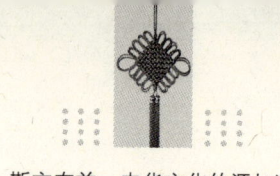

重要的文化元典。

孔子对《周易》的义理化阐释是一种人文理性的伟大进步,但汉儒将之列为五经之首则显得太过。卜筮中蕴含的哲理深邃高远,但不能"神化"——将一本卜筮书进行过度的阐释必将导致神秘化,在汉代这已经极为明显——在21世纪的今天,有的学者甚至将《周易》同计算机和股票市场联系起来,到处招摇撞骗,搞得乌烟瘴气。然而世人却一点儿也看不到《周易》对中国金融市场的安全和健康、中国科技的创新和进步有任何帮助!

历史乃中国文化的载体。周代史书通称《春秋》,史籍所见,有《周春秋》、《燕春秋》、《宋春秋》、《齐春秋》等等。至战国秦汉时期,"春秋"仍泛指史书。《战国策·燕策二》载乐毅给燕惠王书称:"臣闻贤明之君,功立而不废,故著于春秋。"班固《汉书·艺文志》指出:"古之王者世有史官。君举必书,所以慎言行,昭法式也。左史记言,右史记事,事为《春秋》,言为《尚书》,帝王靡不同之。"

中国古史皆出史官。可是孔子在对鲁国史书作了一些似乎不大的修订后,后世儒家不仅将《春秋》的著作权归了孔子,且以为经孔子修订的《春秋》每个字后面都有非同寻常的政治意义,有所谓的"微言大义"在。

最早明确提出孔子作《春秋》的是孟子,《孟子·滕文公下》和《孟子·离娄下》中屡屡提及这一点。《孟子·滕文公下》云:"世衰道微,邪说暴行有作。臣弑其君者有之,子弑其父者有之。孔子惧,作春秋。"

据《礼记·坊记》孔子引今《春秋》语,可知孔子不是在引自己的著作;《韩非子·内储说上》载鲁哀公与孔子对话,言"《春秋》之

记",亦可证明孔子之时已有《春秋》。

《公羊传·庄公七年》中提到了未经孔子修订的《春秋》,以及孔子的修订结果,弥足珍贵:"《不修春秋》曰:'雨星不及地尺而复',君子修之曰:'星陨如雨'。"这是记公元前687年3月16日夜发生的流星雨,孔子的修订似乎使原文更艺术化了,却少了写实性的描述。

孔子未作《春秋》,但在后世儒家看来,孔子所作《春秋》每个字都有深刻的政治哲学内涵,对一句普通的史实,常常牵强附会、煞有介事地解释一番,于是就有了"五石六鹢"之说了。《春秋·僖公十六年》载:"春王正月戊申朔,霣(通"陨"——笔者注)石于宋五。是月,六鹢退飞过宋都。"《公羊传》的作者认为:为什么先说"霣"后说"石"呢?为什么陨石的记载精确到日而鹢鸟只精确到月呢?为什么陨石先说名词(石)后说数词,而鹢鸟则先说数词后说名词(鹢)呢?这都是有深意的。

这种穿凿附会的解释有时导致矛盾百出。所以南宋郑樵在《春秋考·自述》中宣布:"以《春秋》为褒贬者,乱《春秋》者也。"朱熹则明确指出《春秋》不过是鲁史而已,他说:"《春秋》大旨,其可见者:诛乱臣,讨贼子,内中国,外夷狄,贵王贱伯而已。未必如先儒所言,字字有义也。想孔子当时,只是要备二、三百年之事,故取史文写在这里,何尝云某事用某法,某事用某例邪?若欲推求一字之间,以为圣人褒善贬恶专在于是,窃恐不是圣人之意。"(《朱子五经语类·卷十七统论经义》)

向中国文化元典中"掺沙子",将《易经》和鲁史《春秋》经学化,目的是树立儒家在意识形态上的权威,结果却使中国文化在相当程度上玄学化和神秘化了。有多少学者在《易经》的神明之德、《春秋》

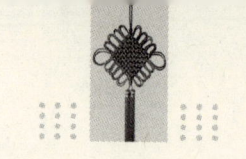

斯文在兹：中华文化的源与流

的微言大义中耗尽了自己的一生，又有多少中国重要的政治、经济、文化典籍因不符合儒家义理而被异端化，其中包括中国古典经济学轻重之术这类关系国计民生的伟大学术！

是我们摆脱儒家系统化删除和改造的文化元典，回归西周王官学及其历史继承者、集先秦诸子百家之大成的黄老学的时刻了。在信息技术高度发达的21世纪，重新评价儒家在中国文化中的地位，恢复中华文化的本原，还有相当多的工作要作——本文开篇所引那位学者的见解并不是孤立和偶然的！

第二章　黄老之学才是中华文化的主干

近代学人言中国文化，多以儒家为其代表——孔子成了中国文化的象征。比如中国政府在海外建立的教授汉语的学校，也被统一冠之以"孔子学院"的雅号。

他们的理由简单明了：公元前134年，董仲舒提出天人三策后，汉武帝采纳董仲舒的意见，"罢黜百家，独尊儒术"，儒家从此成为中国文化的正统。这完全是后世学者对历史一厢情愿的解读。为什么这样说呢？

一、中国学人——迷途的文化羔羊

通读《汉书·艺文志》，我们不难发现，在汉朝人的心中，儒家只是诸子之一。为了国家文化统一，汉武帝开始抑制包括儒家在内的百家之言；汉武帝抑黜儒家的一个重要措施就是取消了文帝时设立的儒家《论语》、《孝经》、《孟子》诸博士，只设立汉人认为代表西周王官学的五经博士。东汉经学家赵岐（约108~201年）在《孟子章句·题辞》中记此事说："孝文帝欲广游学之路，《论语》、《孝经》、《孟子》、《尔雅》皆置博士。后罢传记博士，独立五经而已。"清人钱大昕（1728～1804年）在所著《潜研堂答问》中亦云："《论》、《孝》、《孟子》、《尔雅》之类皆传记博士也，罢于建元五年（公元前136年）置五经博士之时。"

《汉书·武帝本纪》说汉武帝"卓然罢黜百家，表彰六经"，是说他突出了西周王官学的地位。汉武帝礼遇"游文于六经"的诸儒生，但很少重用它们，怎么能说他独尊儒术呢？浙江师范大学斜东星先生认为，当时儒家受重视只是因为汉儒善于附会王官学经典。他说："汉武尊经后，孔儒的地位所以优于诸子各家，原因只在汉儒最善于以孔子附经骥尾。"①

事实上汉朝根本不存在独尊儒术的制度基础。当时社会功勋制（功次制度）是官员选举的主要形式，事功精神充斥整个社会，这与儒家的主张格格不入。在公元前81年西汉政府的国策辩论会上，代表儒家观点的贤良还在激烈批判当时的吏制，认为选举之途杂乱，富有的人用钱财来买官，勇敢的人卖命求取功名。耍车技的和举鼎技的人，都可以出来充当官吏，多次立功，积年累月，有的人甚至当上了卿相。（《盐铁论·除狭第三十二》："今吏道杂而不选，富者以财贾官，勇者以死射功。戏车鼎跃，咸出补吏，累功积日，或至卿相。"）

从汉至唐，思想上居统治地位的不是儒家，而是道家。史学家蒙文通先生敏锐地看到了这一点，他说："汉到唐，思想界是谁家的学说把握霸权，与其说是孔学，毋宁说是道家还妥帖些。在汉便是黄老，在晋

---

① 斜东星：《所谓"汉武独尊儒术罢黜百家"辨》，http://www.confucius2000.com/confucian/swhwdzrsbcbjb.htm，访问日期：2010年5月1日。

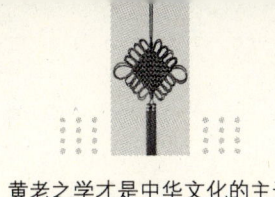

黄老之学才是中华文化的主干

便是老、庄,到六朝又加入了佛学……"①

只是到了北宋以后,由于科举成为选举官员的主要形式,儒家才取得了正统地位。

五代是一个军事强人争雄的大动荡时代,北宋的统治者对武人割据专权的危害有着清醒的认识。除了"杯酒释兵权"这类一时之策,他们解决问题的最终方案就是"兴文教,抑武事"。这里的"文"主要指儒家思想。宋太祖赵匡胤坦言:"五代方镇残虐,民受其祸,朕今用儒臣干事者百余人分治大藩,纵皆贪浊,亦未及武臣十之一也。"(《宋史纪事本末》卷二)

北宋政府重用儒家学者的制度设计就是大开科举取士之门。与前代不同,宋代科举成为入仕的根本途径。《宋史·卷一五五·选举一》载,至北宋第四任皇帝仁宗时,科举制已经大行于天下:"天圣初,宋兴六十有二载,天下乂安。时取才唯进士、诸科为最广,名卿钜公,皆繇(同"由"——笔者注)此选,而仁宗亦向用之,登上第者不数年,辄赫然显贵矣。"据何忠礼先生统计,北宋自太祖至徽宗八朝一百六十六年间,政府开科六十九次,取进士、诸科三万四千一百六十三人,每举平均取士达四百九十五人,每年约为二百零五人,相当于唐朝每年取士人数的二、三倍之多。②

科举考试制度与北宋偃武修文,重用儒臣的政策之间形成一种历史性的正反馈机制,这样儒家才在中国获得了意识形态上的统治地位。贾海涛博士指出:"北宋的科举取士与'偃武修文'和'重文轻武'是密

---

① 蒙文通:《中国哲学思想探原·经学导言·诸子》,台湾古籍出版社,1997年,第41页。
② 何忠礼:《北宋扩大科举取士的原因及与冗官冗吏的关系》,《宋史研究集刊》第1辑,浙江古籍出版社,1986年。

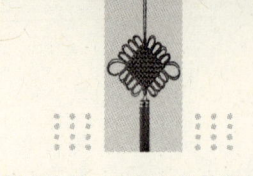

不可分、紧密相连的。正是因为有了'偃武修文'和'重文轻武'的立国策略,才有了科举取士的进一步加强。同时,科举取士制度的进一步加强反过来使'偃武修文'和'重文轻武'的程度得到了进一步的提高并使'文人主政'成为现实且得以制度化。"①

北宋"儒术治国"遇到的第一个问题就是儒者的作用(儒效)问题,这个自先秦以来就困扰儒家的问题从宋代开始演化为民族性灾难(元代是例外,他们重用回人,少用儒生)。具体表现为社会组织能力的下降,中原直接受到北方蛮族的蹂躏——这种现象在中华五千年的历史上只有宋以后才成为常态!

在《北宋"儒术治国"政治研究》一书中,贾海涛博士对北宋主政儒生的经世治民能力提出了质疑,他的语言是现代的,但中心还是对历史上不断出现的"儒者无用"观点的重述。他写道:"北宋的士大夫大都只是一群死读书的'书呆子'。他们对现实社会缺乏认识,观念陈旧,不知变通,不重时务,只知引经据典地照搬前人,只会空谈而缺乏实际能力。治理国家,他们不是内行。即便有人空有高尚情操和'以天下为己任'的抱负,但往往不得要领或力不能胜,力不从心。这种人在两宋太多了,是一种极普遍的现象。范仲淹被推为北宋第一治才和良臣,朱熹对他也极为推崇,称他为'杰出之才'。但在当时条件下,他的作用也相当有限。他领导的庆历新政难以改变当时沉闷的政治局面和士大夫的精神面貌。除他之外,仁宗朝与神宗朝北宋人才最为荟萃之际实在没有什么特别杰出的政治人才。"②

---

① 贾海涛:《北宋"儒术治国"政治研究》,齐鲁书社,2006年,第10~11页。
② 贾海涛:《北宋"儒术治国"政治研究》,齐鲁书社,2006年,第108页。

比较起来，韩毓海教授对儒家统治的政治经济学意义有着更为深刻的认识，他看到了儒家小农主义自由经济政策的本质及其后果，这是难能可贵的——尽管他对儒家的经济观点没有作任何阐述。在他那本畅销的《五百年来谁著史》的绪言中，韩先生将中国过去500年兴衰的关键因素扩展到宋朝，可谓真知灼见。他说："考察中国500年兴衰的关键，其实又在于经济的发展与国家组织能力下降这个矛盾现象。经济发达的宋，反而打不过立足于军事组织的辽、金、西夏部落，这里的关键并不在经济，而在社会组织能力。由皇权直接来面对基层马铃薯一般无组织的小农，这样的国家自然也就没有什么组织效率可言，而宋代以来的政策，反而是将组织社会的任务一概交由商人和地方土豪，国家更从商业、运输乃至军需供应中全盘退出，国家取'无为'和'不干涉主义'……"①

我们读历史，客观地评价儒家统治的历史作用，一个稍有良知的人都会为这个沧桑民族的悲剧性命运痛心疾首。那么21世纪的大多数中国知识分子为什么还要对儒家顶礼膜拜呢？其原因是多方面的，但最重要的原因还在于近代中国知识分子根本不知中华文化的主干黄老之学为何物。

二、黄老之学——集诸子百家之大成

从大历史的角度看，中国学术经历了五次大的变迁：从河图、洛书时代漫长的文化草创期到西周王官学的形成，一变也；东周礼崩乐坏，

---

① 韩毓海：《五百年来谁著史》，九州出版社，2009年，第2页。

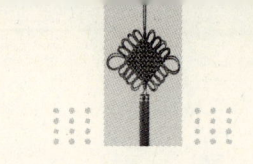

由王官学流变为诸子百家之学，二变也；战国、秦汉中国走向大一统，黄老之学集诸子百家之大成，三变也；汉以后，佛学大兴，道家流于道教，儒家通过改造吸收王官学、排斥诸子学逐步取得独尊地位，四变也；清末民初，面对西方列强的野蛮入侵，西学取代儒学的独尊地位，中国本土学术不绝如缕，五变也——今天，我们复兴中华文明，主要是复兴集先秦诸子百家之大成的黄老之学。继西周王官学之后，黄老之学将中华文明推上了新的峰巅！

在上个世纪 70 年代初长沙马王堆汉墓黄老帛书出土以前，中国学人长期以来对黄老之学是什么模糊不清。有学者甚至认为黄老是西汉黄生与老子的合称①，还有学者认为黄老是老子与黄石公的合称②。

造成这种思想混乱的主要原因是黄老之学的许多重要文献都失传了。我们甚至不清楚，在《汉书》和《史记》中，汉人所说的道家实际上就是以道家为哲学基础（内术），以法家为治国方针（外术），综合百家的黄老之学，而不是重在个人修持、清静自守的老庄之学。

实际上《汉书·艺文志》对此讲得十分清楚，其中不仅说道家乃治国之术，还批评了后世老庄一派"绝去礼学"、"独任清虚"的理论趋向："道家者流，盖出于史官，历记成败存亡祸福古今之道，然后知秉要执本，清虚以自守，卑弱以自持，此君人南面之术也。合于尧之克攘，《易》之嗛嗛，一谦而四益，此其所长也。及放者为之，则欲绝去礼学，兼弃仁义，曰独任清虚可以为治。"（大意是：道家这个流派，应是出于古代的史官。他们记载历代成功失败、生存灭亡、灾祸幸福的道

---

① 夏曾佑：《黄老疑义》，载《中国古代史》，台北学生书局，1970 年，第 339 页。
② 李长之：《司马迁之人格与风格》，台湾汉京文化公司，1983 年，第 9 页。

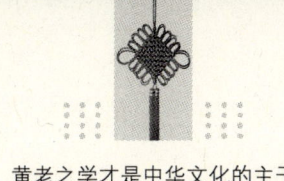

黄老之学才是中华文化的主干

理。然后知道秉持要领把握根本,清静无为,保持谦虚柔弱的态度,这就是国君治理国家的方法。它符合于尧的自我约束能够谦让,《易经》上所说的谦虚。能"一谦"得到四种好处,这就是他们的长处。等到狂放的人来实行道家学术,就排除了礼仪,并抛弃了仁义,认为只要清静无为,什么事都不做就可以治理好国家。)

《汉书·艺文志》中所列道家文献共三十七家,九百九十三篇。这些书相当一部分已经失传,但伊尹、姜太公、管子、黄帝、老子、庄子、文子名下诸书今人有幸能读到相当一部分,使我们能够看到黄老之学的理论核心所在——中国内圣外王之术尽在斯矣——从内业修身一直到经济思想轻重之术!

那么黄老之学到底是怎样对阴阳家、儒家、墨家、名家、法家、道家等诸子进行取舍的呢?参照《汉书·艺文志》所列道家经典,我们发现曾任太史令的司马谈在《论六家要旨》中所述是符合实际情况的。

司马谈的论述对于我们理解黄老之学如何折中百家,集中国文化之大成十分重要,他说:"尝窃观阴阳之术,大祥而众忌讳,使人拘而多所畏,然其序四时之大顺,不可失也。儒者博而寡要,劳而少功,是以其事难尽从,然其序君臣父子之礼,列夫妇长幼之别,不可易也。墨者俭而难遵,是以其事不可遍循,然其强本节用,不可废也。法家严而少恩,然其正君臣上下之分,不可改矣。名家使人俭而善失真,然其正名实,不可不察也。道家使人精神专一,动合无形,赡足万物。其为术也,因阴阳之大顺,采儒墨之善,撮名法之要,与时迁移,应物变化,立俗施事,无所不宜,指约而易操,事少而功多。"(大意是:我曾经在私下里研究过阴阳之术,发现它注重吉凶祸福的预兆,禁忌避讳很多,使人受到束缚并多有所畏惧,但阴阳家关于一年四季运行顺序的道理,

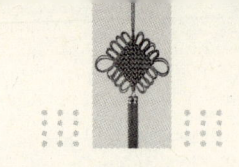

是不可丢弃的。儒家学说广博但少抓住要领，花费了气力却很少功效，因此该学派的主张难以完全遵从。然而它所序列君臣父子之礼，夫妇长幼之别则是不可改变的。墨家俭啬而难以依遵，因此该派的主张不能全部遵循，但它关于强本节用的主张，则是不可废弃的。法家主张严刑峻法却刻薄寡恩，但它正君臣上下名分的主张，则是不可更改的。名家使人受约束而容易失去真实性，但它正名与实的关系，则是不能不认真查考的。道家使人精神专一，行动合乎无形之"道"，使万物丰足。道家之术是依据阴阳家关于四时运行顺序之说，吸收儒墨两家之长，撮取名、法两家之精要，随着时势的发展而发展，顺应事物的变化，树立良好风俗，应用于人事无不适宜，意旨简约扼要而容易掌握，用力少而功效多。）

作为汉武帝的史官，司马谈不可能不受到当时儒家思想逐步兴起、"儒道互绌"的影响（《史记·老子韩非列传》云："世之学老子者则绌儒学，儒学亦绌老子。道不同不相为谋，岂谓是邪？"），所以在《论六家要旨》中专门批评了儒家治国理念上的弱点。司马谈或许想不到，儒家有一天会取代黄老之学，成为中国文化思想的主干。

司马谈的批判是有力的，明确指出了儒家纯任德政的危害。他说："儒者则不然。以为人主天下之仪表也，主倡而臣和，主先而臣随。如此则主劳而臣逸。至于大道之要，去健羡，绌聪明。释此而任术，夫神大用则竭，形大劳则敝。形神骚动，欲与天地长久，非所闻也。"（大意是：儒家则不是这样。他们认为君主是天下人的表率，君主倡导，臣下应和，君主先行，臣下随从。这样一来，君主劳累而臣下却得安逸。至于大道的要旨，是舍弃刚强与贪欲，去掉聪明智慧。将这些放置一边而用智术治理天下，精神过度使用就会衰竭，身体过度劳累就会疲惫，身体和精神受到扰

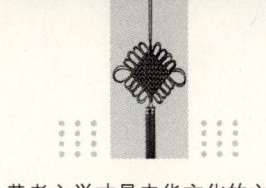

黄老之学才是中华文化的主干

乱，不得安宁，却想要与天地共长久，则是从未听说过的事。）

诚如蒙文通先生所言，在汉以后至唐代这段时间，老庄、道教、佛教大兴，其中老庄思想占有极其重要的地位，老庄兴起实际上始于汉末。清人洪亮吉（1746～1809年）在《合刻河上公老子章句郭象庄子注序》中明确指出："自汉兴，黄老之学始盛行，文景因之以致治。武帝之世，窦婴、田蚡虽好儒，欲推毂王臧、赵绾，然势不能敌也。老子之徒有文子，其书述老氏之言为多，世亦并尊之。当时上自天子，及士大夫，内及宫阃（阃音 kǔn；宫阃，帝王后宫，亦指后妃——笔者注），莫不服膺黄老之言，以施诸实事，其尊老子文子也与孔颜并。故王充《论衡·自然篇》曰：'以孔子为君，颜渊为臣，尚不能谴告，况以老子为君，文子为臣乎？老子、文子似天地者也。'其尊之若此！盖黄老之道，以迄文子述老子之言，实皆能治天下者也。西汉之治，比隆三代，职是故耳。至汉末，尚祖元虚，治术民风，一切不讲，于是始变黄老而称老庄。"

由黄老蜕化为老庄，再次蜕化为儒，最后为西学所吞没。中国文化是一个动态的发展过程，其中黄老之学是西周王官学之后中国学术的又一次大一统，是中国文化峰巅。

今天学者论及中国文化，除了背两句《道德经》或《论语》上的语录，最喜欢大言"中华儒家文明"、"儒释道"、"外儒内法"之类，实际上这是出于对中国文化演变进程的无知。儒家不是中国文化的代表，黄老之学才是中华文化的主干。如果我们不理解这一点而言中国文化，有如雾里看花，永远不知中国文化的主体何其精妙、壮观！

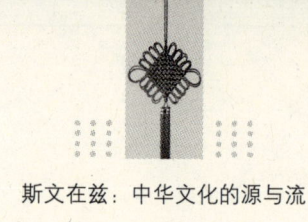

斯文在兹：中华文化的源与流

三、文明复兴——路漫漫其修远兮

儒家对中国文化的破坏作用是触目惊心的。后世儒家将诸子异端化了，而不是像黄老之学一样融会百家，结果是大量诸子文献长期被弃置，有些甚至佚失，儒学自身则成为脱离实际的经史辞章之学。

在某种意义上说，儒家的文化破坏作用远甚于秦始皇为统一国家焚毁民间图书的政策。因为秦火实际上并未及诸子书，而儒家偏见却使子学尽乎失传。东汉王充在《论衡·书解篇》中明确指出，汉时残缺不全的是经，而非诸子书，他写道："秦虽无道，不燔诸子。诸子尺书，文篇俱在，可观读以正说，可采掇以示后人。"（文意：秦朝即使无道，并没有烧毁诸子的著作。诸子的著作，文章篇目全都存在，可以阅读用来纠正各种言论，可以拿来给后人看。）

"异端"一词孔子就曾讲过。《论语·为政篇》载孔子之言曰："攻乎异端，斯害也已！"至孟子辟杨墨，骂二家为禽兽，尽乎粗野。《孟子·滕文公下》云："天下之言，不归杨，则归墨。杨氏为我，是无君也；墨氏兼爱，是无父也。无父无君，是禽兽也。"

后世注家对孔子"攻乎异端"一语有着迥然不同的解释，但大多数儒家将异端等同于诸子，即所谓的"非圣人之道"，后来，印度传入的佛家也被加入了"异端"名单。南朝梁经学家皇侃（488~545年）疏云："攻，治也；异端，谓杂书也，言人若不学六籍正典而杂学于诸子百家，此则为害之深。"

朱熹《四书集注》云："范氏曰：'攻，专治也，故治木石金玉之

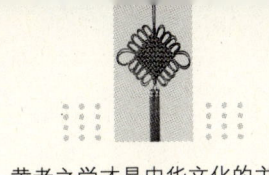

工曰攻。异端，非圣人之道，而别为一端，如杨墨是也。其率天下至于无父无君，专治而欲精之，为害甚矣！'程子曰'佛氏之言，比之杨墨，尤为近理，所以其害为尤甚。学者当如淫声美色以远之，不尔，则骎骎然入于其中矣。'"（大意是：范祖禹说："攻，专门研究，所以加工木、石、金、玉的工作叫攻。异端，不是圣人之道，是另外一端，譬如杨、墨之类。他们率领天下人至于无视父亲、无视君主的地步，专门研究他们的学说并企图精通，为害非常严重。"程子说："佛教的言论，比起杨、墨更加接近真理，所以为害也就更加严重。求学的人应当像对待淫声美色一样远离它们，不然的话，就会渐渐地陷进去了。"）

本来佛家正好补儒家内业修行之不足，而宋儒却将之比之于杨、墨，群起而攻之，这也是佛教至今仍没有完好融入中国社会的重要原因——佛家是人类文明史上最发达的实践哲学（非西式思辨哲学），儒释互参，最易得力，奈何贬之！

尽管儒家对中国文化的负面作用如此之大，今天还有太多的学者将儒家作为中国文化的代表，或将之等同于中国文化本身。为何他们顽固地坚持这种谬误呢？除了上面提到的学人对黄老之学的陌生，笔者认为还有另外两个方面的原因。

一是历史的惯性作用。20世纪的中国学术几乎西化，但它仍建立在清朝学术的废墟之上，不可能不受有清一代学术的影响。不仅康有为这样的维新之士阳奉阴违地接过了今文经学的衣钵，早期开创新文化运动的一批人也大都受过良好的传统教育，在他们的视野中，将儒学等同于圣人之道、中国学术的本体是顺理成章的。

清儒通过对诸子的研究极大地开拓了今人的学术视野，但在对中国文化主体的认知上，却仍回归经学，并没有带来根本性变革。所以将儒学认作中国学术的主体，这种历史惯性十分强大。

二是西学的影响。20世纪中国学人除了吸取西方文明成果，并没有太多理论上的创建，他们习惯于用中国现实比附西学理论，言必称欧美，一切以西学马首是瞻。西学传教士较深入地接触中国已是明朝，当时正值儒家大行其道，所以西方人很容易将中国文化等同于儒家，将孔子作为中国文化的代表。比如耶稣会士利玛窦就这样描述孔子："中国哲学家之中最有名的叫做孔子。这位博学的伟大人物诞生于基督纪元前五百五十一年，享年七十余岁，他既以著作和授徒也以自己的身教来激励他的人们追求道德。他的自制力和有节制的生活方式使他的同胞断言他远比世界各国过去所有被认为是德高望重的人更为神圣。的确，如果我们批判地研究他那些被载入史册中的言行，我们就不得不承认他可以与异教哲学家相媲美，而且还超过他们中的大多数人。中国有学问的人非常之尊敬他，以致不敢对他说的任何一句话稍有异议，而且还以他的名义起誓，随时准备全部实行，正如对待一个共同的主宰那样。"①

西方传教士的这种错误认知极大地影响了西方学术界，后者反过来又影响了近世中国学人，导致谬种流传，至今难以遏止！

"为往圣继绝学"，中华文明的复兴是怎样艰巨的使命啊！我们不仅要冲破儒家的千年迷雾，重新确立黄老之学在中国文化中的主体地位，还要在黄老之学的基础上，融会庞杂的西方文化——这是21世纪中国学人不得不面对的重大历史性课题。

---

① ［意］利玛窦、［比］金尼阁：《利玛窦中国札记》，何高济、王遵仲、李申译，中华书局，1983年，第31~32页。

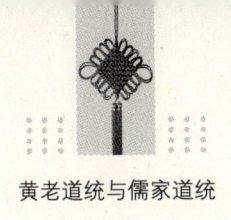

第三章　黄老道统与儒家道统

2013年初于沪上,有君子嘱余列黄老文化书系清单,以为参考。

黄老之学,即汉儒所谓道家,其合于六经,出入诸子,集成百家,道/名/法一以贯之,西汉司马谈《论六家要旨》论云:"道家使人精神专一,动合无形,赡足万物。其为术也,因阴阳之大顺,采儒墨之善,撮名法之要,与时迁移,应物变化,立俗施事,无所不宜,指约而易操,事少而功多。"

黄老之学为中华道统命脉所在!兹事体大,故作此文,专题申述之。

一、黄老道统——中华文化的根柢

中国文化的根柢在道家。用南师怀瑾先生的话说就是"内用黄老,外示儒术"。在《老子他说》一书中,这位发愿一生宣传中国文化、舍身求法的大学者解释道:"细读中国几千年的历史,会发现一个秘密。每一个朝代,在其鼎盛的时候,在政事的治理上,都有一个共同的秘诀,简言之,就是'内用黄老,外示儒术'。自汉、唐开始,接下来宋、

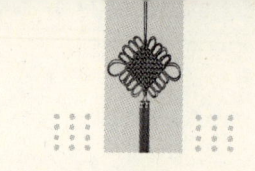

斯文在兹：中华文化的源与流

元、明、清的创建时期，都是如此。内在真正实际的领导思想，是黄（黄帝）、老（老子）之学，即是中国传统文化中的道家思想。而在外面所标榜的，即在宣传教育上所表示的，则是孔孟的思想、儒家的文化。"①

中华道统，本自黄帝、老子之学。其内圣外王，横亘千载，一以贯之。间有尧、舜、周、孔，诸子迭出，至战国秦汉，黄老之学整合百家，蔚为大观。凡诸子百家，莫不宗之。故司马迁称申子、韩非之学皆"本于黄老"，慎到、田骈、接子、环渊之徒"学黄老道德之术"；而杂家《淮南子》、《吕氏春秋》亦以黄老为归依。

东汉初年，王充（27~95年）作《论衡》，仍坚持道统，如司马迁写《史记》一样，"论大道则先黄老而后六经"（《汉书·司马迁传》）。王充更明确地指出，当儒家学说与黄老学说发生矛盾时，当遵从黄老之道，而非儒家之说。他写道："说合于人事，不入于道意。从道不随事，虽违儒家之说，合黄老之义也。"（《论衡·自然篇》，文意：[谴告说]符合于人世间的事情，却不符合自然大道。服从自然大道，不迁就人世间的事情，虽然违反了儒家的学说，但它符合黄老的道理。)

在《论衡·自然篇》中，王充直接将黄帝、老子并列为圣贤中纯正者，因为他们能恬淡无为，合于大道。同时将"不肖"释为"不似"，即不似天地、不类圣贤，是有为的。其中说："道德至高、至纯的人，承受天的气最多，所以能效法天，能达到自然无为的境界。承受天的气薄而又少的人，不遵从道德，与天地不相似，所以叫不肖。不肖，就是不相似。与天地不相似，与圣贤不相同，所以就有意的行动。天地像熔

---

① 南怀瑾：《老子他说》，复旦大学出版社，2002年，第4页。

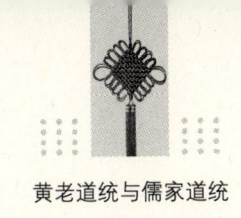

黄老道统与儒家道统

炉,自然的变化像工匠,承受天的气不一样,怎么能人人都是圣贤呢?圣贤中最纯的人,是黄、老。黄,是指黄帝;老,是指老子。黄帝、老子的操行,身心清静无所妄求,端庄严肃而阴阳之气自然调和,无心于有意的行动而万物自然变化,无意于万物的产生而万物自己生成。"(原文:至德纯渥之人,禀天气多,故能则天,自然无为。禀气薄少,不遵道德,不似天地,故曰不肖。不肖者,不似也。不似天地,不类圣贤,故有为也。天地为炉,造化为工,禀气不一,安能皆贤?贤之纯者,黄、老是也。黄者,黄帝也;老者,老子也。黄、老之操,身中恬淡,其治无为,正身共[同"恭"——笔者注]己而阴阳自和,无心于为而物自化,无意于生而物自成。)

这种恬淡无为的德行反映在治国领域,就是任贤使能,循名责实,进而实现无为而治。其典范就是黄帝、尧、舜,此一至治境界也是周公、孔子所向往的。

王充接着写道:"易曰:'黄帝、尧、舜垂衣裳而天下治。'垂衣裳者,垂拱无为也。孔子曰:'大哉,尧之为君也!惟天为大,惟尧则之。'又曰:'巍巍乎,舜、禹之有天下也,而不与焉。'周公曰:'上帝引佚。'上帝,谓舜、禹也。舜、禹承安继治,任贤使能,恭己无为而天下治。舜、禹承尧之安,尧则天而行,不作功邀名,无为之化自成,故曰'荡荡乎民无能名焉。'年五十者击壤于涂,不能知尧之德,盖自然之化也。"(文意:《周易》说:"黄帝、尧、舜不必有所作为,就达到天下大治。"所谓垂衣裳,就是垂衣拱手无为而治的意思。孔子说:"真伟大啊,尧这样的君王!只有天最伟大,只有尧能够效法它。"孔子又说:"多么崇高啊!舜和禹享天下而他们却觉得好像与自己不相干似的。"周公说:"上帝制止游乐。"上帝,指的是舜和禹。舜和禹继

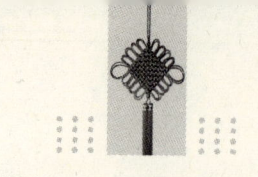

斯文在兹：中华文化的源与流

承了安治天下的办法，任用贤能之人，恭敬自持顺应自然而天下大治。舜和禹承继了尧的安治之法，尧遵循天道自然无为的原则行事，不有意去创立功业，不存心去追求名誉，无为而治的教化却自然获得成功，所以说，"尧治理天下自然无为，没有一个人能说得出他的功德"。五十多岁的老人在道路上作击壤游戏，而没有意识到尧的德政，这是听其自然的教化的结果。）

这里，我们能够勾勒出中华五千年无为而治道统的基本脉络，它与后世儒家起于尧舜，终于程朱的道统具有本质的区别，图示如下：

黄帝—帝尧—帝舜—帝禹—周公—老子—孔子

二、儒家道统——中华文化的异化

自唐代韩愈《原道》篇出，儒家反佛、道，轻名、法——中华五千年道统内圣之心法被架空，外王之名法被忽视，其所谓道，已非以黄老为主轴的内圣外王之道——大道沉沦，实自韩愈始。

韩愈亦不讳言。在《原道》中，他论自己所弘之"道"说："曰：斯道也，何道也？曰：斯吾所谓道也，非向所谓老与佛之道也。尧以是传之舜，舜以是传之汤，汤以是传之文、武、周公，文、武、周公以是传之孔子，孔子以是传之孟轲，轲之死不得其传焉。"

此一道统可图示如下：

帝尧—帝舜—商汤—文王—武王—周公—孔子—孟子

五千年道统中抽去了黄帝与老子（之学），使中华大道徒具空壳，内不足以安身立命，外不足以治国平天下。一个失去灵魂的民族是极其

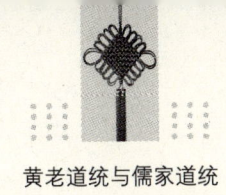

黄老道统与儒家道统

危险的，宋以后的中国历史不幸成为这一论断的最好注脚——外族入侵成为家常便饭，斯文扫地直到今日！

那么，韩愈是如何将中华道统的黄老核心剥离的呢？一言以蔽之，是通过对道家与佛家的误读。

本来，春秋战国时期儒道不分，皆言大道。自孟子以后，儒家心法几绝，章句之学大兴。道家、佛家正好补儒家心法的不足。宋儒阴采佛、道，也是基于此。但在韩愈那里，道家和佛家却成了道德仁义的反对者——这简直是颠倒黑白！

《原道》以反道家为主体，我们试看韩愈是如何描绘道家的。

首先是关于内圣方面。韩愈写道："老子之小仁义，非毁之也，其见者小也。坐井而观天，曰天小者，非天小也；彼以煦煦（xù）为仁，孑孑（jié）为义，其小之也则宜。其所谓道，道其所道，非吾所谓道也；其所谓德，德其所德，非吾所谓德也。凡吾所谓道德云者，合仁与义言之也，天下之公言也。老子之所谓道德云者，去仁与义言之也，一人之私言也。"（文意：老子轻视仁义，并不是诋毁仁义，而是由于他的观念狭隘。好比坐在里井看天的人，说天很小，其实天并不小。老子把小恩小惠认为仁，把谨小慎微认为义，他轻视仁义就是很自然的了。老子所说的道，是把他观念里的道当作道，并不是我们儒家所讲的道。他所说的德，是把他观念里的德当作德，不是我们儒家所说的德。凡是我们儒家所说的道德，其内容包括仁和义，是天下的人所共同承认的道德。老子所说的道德，是抛开了仁和义说的，只是他一个人的说法。）

其次是关于外王方面。韩愈写道："今其言曰：'圣人不死，大盗不止；剖斗折衡，而民不争。'呜呼！其亦不思而已矣！如古之无圣人，人之类灭久矣。何也？无羽毛鳞介以居寒热也，无爪牙以争食也。是

故：君者，出令者也；臣者，行君之令而致之民者也；民者，出粟米麻丝，作器皿，通货财，以事其上者也。君不出令，则失其所以为君；臣不行君之令而致之民，则失其所以为臣；民不出粟米麻丝，作器皿，通货财，以事其上，则诛。今其法曰：必弃而君臣，去而父子，禁而相生相养之道，以求其所谓清净寂灭者。"（文意：现在道家却说："如果圣人不死，大盗就不会停止。只要砸烂斗斛、折断秤尺，人民就不会争夺了。"唉！这都是没有经过思考的话罢了。如果古代没有圣人的发明创造，人类早就灭亡了。为什么呢？因为在原始时代，人和禽兽差不多，人们没有羽毛鳞甲以适应严寒酷暑，也没有强硬的爪牙来夺取食物。因此说，君王，是发号施令的；臣子，是执行君王的命令以统治人民的；百姓，是生产粮食、丝麻，制作器物，交流商品，用这些来为统治他们的人服务的。君王如果不发号施令，就丧失了作为君王的权力和其所以为君的道理；臣子不执行君王的命令以统治人民，就失去了作为臣子的职责；百姓不生产粮食、丝麻、制作器物，交流商品来供应在上统治的人，就应该受到惩罚。现在佛家和道家的"法"告诉人民说，必须抛弃你们的君臣关系，消除你们的父子关系，禁止你们相生相养的办法，这样才可以实现道教所说的清净、佛教所说的寂灭。）

言道家、佛家反仁义、求寂灭，是不理解道家、佛家真义的缘故。因为道家、佛家所反对者，不过伪仁、假义，让人明心见性，回归质朴本性。试问，无道德仁义，何以入道？无世间磨炼，何以去除微细习气、成就大道？道、佛不但不反对仁义道德，而且事事都要符合仁义道德。道家言去仁去义者，佛家言清净寂灭者，大抵皆从道体上说。若在此处望文生义，则误人多矣！

庄子最得老子精义，《庄子·人间世》一篇，极重忠孝。故明代憨

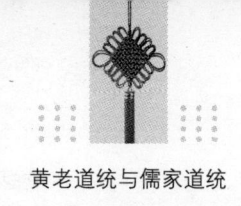

黄老道统与儒家道统

山大师注云："《庄子》全书,皆以忠孝为要名誉、丧失天真之不可尚者,独《人间世》一篇,则极尽其忠孝之实,一字不可易者,谁言其人不达世故而恣肆其志耶?且借重孔子之言者,曷尝侮圣人哉?盖学,有方内、方外之分。在方外,必以放旷为高,特要归大道也;若方内,则于君臣、父子之分,一毫不敢假借者,以世之大经、大法,不可犯也。此所谓世出世间之道,无不包罗,无不尽理,岂可以一概目之哉。"①

韩愈不明大道,以道家、佛家方外之学反其方内之学,如人以左手击其右手,何其愚蠢!

又,古人常常老、文并称,老子弟子文子留下《文子》一书,欲得《老子》真谛,《文子》一书不可不读。今本《文子》虽经过后人增饰、改动,亦有所本。其言道,则及德、仁、义、礼"四经",并明确指出:"四经不立,谓之无道。"《文子·道德》总结道、德、仁、义、礼五者关系时说:"故物生者道也,长者德也,爱者仁也,正者义也,敬者礼也。不畜不养,不能遂长,不慈不爱,不能成遂,不正不匡,不能久长,不敬不宠,不能贵重。故德者民之所贵也,仁者民之所怀也,义者民之所畏也,礼者民之所敬也,此四者,文之顺也,圣人之所以御万物也。君子无德则下怨,无仁则下争,无义则下暴,无礼则下乱,四经不立,谓之无道,无道不亡者,未之有也。"(文意:事物的生在于道,长在于德,爱在于仁,正在于义,敬在于礼。不积累不养育它,就不能顺利地成长;不仁慈不爱护它,就不能成就;不匡正不规范它,就不能保持长久;不敬重不尊崇它,就不能认为贵重。所以德是百姓所尊贵的,仁是百姓所胸怀的,义是百姓所畏惧的,礼是百姓所敬崇的。这四者,

---

① 憨山大师:《庄子内篇注》,香港佛教法喜精舍、香港佛经流通处,1997年,第165~166页。

是文的顺序，是圣人用来驾御万物的根本。君子无德则百姓怨恨，无仁则百姓纷争，无义则百姓残暴，无礼则百姓叛乱，四种原则不立，便叫做无道。无道而又不败亡的，是从来没有过的。）

老子之学，融通百家，广博精微，不反真仁、真义——明矣！

韩愈之后，宋儒进一步发展了去除黄、老学精华的道统，加上大禹、程颐、朱熹，共计十一代。这个道统随着南宋的衰亡不断在意识形态领域得到加强——尽管空壳化的儒家道统根本没有足够的思想资源挽救中国全境首次沦于外族的悲惨命运。

美国普林斯顿大学刘子建教授（James T. C. Liu）在《中国转向内在：两宋之际的文化内向》中，为我们描绘了一幅道学（理学）在南宋从被嘲笑、打压，到成为国家思想正统的历史画卷，而道统正是道学的重要理论支点。刘先生指出，道学向国家思想正统的提升不是取决于学术考量，而是取决于政治利害上的权衡。他写道："蒙古和南宋之间在文化层面上的政治竞争在继续。1237年，蒙古开科取士。同年，南宋皇帝御撰颂词，赞同道学的正统要求，颂词后来才发表。1240年，南宋在外来威胁之外又面临内患，首都大饥荒，最南面的山区发生暴动。第二年，为了抬升本国的儒教形象，让人民坚信真理是和他们在一起的，朝廷举行盛大仪式，正式宣布道学学派为国家正统。遭禁绝时，这一学派曾以道学而闻名，再使用这个早期名称显属不当，因此改称理学。那篇据称作于1237年的御撰颂词——皇帝远见的明证——也在此时向全国公布。这就是官方的新儒学。从此，科举和预备参试的举人都必须遵循它。"[①]

[①] ［美］刘子建：《中国转向内在：两宋之际的文化转向》，赵冬梅译，江苏人民出版社，2012年，第146页。

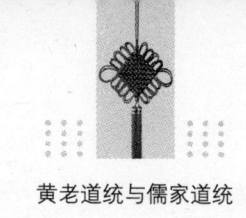

道学正统确立了，中国学术也日益狭隘。宋以后，再无孔子那样吞吐百家的大儒，理学家反道、佛，轻名、法，越发偏狭。至清末，儒家及儒家所鼓吹的道统退出历史舞台已成为势所必然。因为儒家道统是以中华文化内圣外王之道的陆沉为代价的，面对工业时代的强敌，自然无秦汉一平天下的风范。所以欲复兴中国文化，振兴中华民族，最终非复兴以黄老为轴心的中华道统不可。

三、复兴中华道统、行人间大道

刘勰《文心雕龙·原道第一》论中国文化道、圣、文三者关系时说："道沿圣以垂文，圣因文而明道。"吾辈生活在21世纪的信息时代，去圣遥远，大道沉沦，物欲横流，人心浮躁。欲明黄老道统，当先从"文"上下手。

黄老之学，汉时亦称道家（非后世道教），通过《汉书·艺文志》所录道家书目，我们基本能识得黄老之学的本来面貌。换言之，《汉书·艺文志》道家诸书犹如一份完整的黄老文化书系清单，如下（按语为笔者所加）：

《伊尹》五十一篇。汤相。

按：该书亡佚已久，据《史记·殷本纪》，伊尹曾为商汤言"素王及九主之事"。1973年，长沙马王堆汉墓出土的帛书《老子》甲本卷后，有《九主》一篇，该篇是伊尹论九主事（有法君、专授之君、劳君、半君、寄主、破邦之主二、灭社之主二），篇中肯定法君法臣，否定其他八主，有着明显的黄老刑名色彩。李学勤先生认为《九主》篇可能是此《伊尹》五十一篇的零篇。

《太公》二百三十七篇。吕望为周师尚父，本有道者。或有近世又以为太公术者所增加也。《谋》八十一篇，《言》七十一篇，《兵》八十五篇。

按：今存《太公六韬》（又称《六韬》、《太公兵法》）六卷，共六十篇，显然与《太公》有内在联系。1972年临沂银雀山汉墓和1973年河北定县汉墓皆出土《太公六韬》相关内容，证明此书在汉代已广为流传。

《辛甲》二十九篇。纣臣，七十五谏而去，周封之。

按：据《左传》，辛甲为太史，此当为史官所传故书，与《老子》相类。马国翰有辑本。

《鬻子》二十二篇。名熊，为周师，自文王以下问焉，周封为楚祖。

按：《文心雕龙·诸子第十七》上说："至鬻熊知道，而文王咨询。余文遗事，录为《鬻子》。子目肇始，莫先于兹。"鬻熊为有道者。今人钟肇鹏作《鬻子校理》，最值得一读。该书由中华书局2010年8月出版，入《新编诸子集成续编》道家类。

《管子》八十六篇。名夷吾，相齐桓公，九合诸侯，不以兵车也。有《列传》。

按：黄老集中国文化之大成，而《管子》又集黄老学术之大成，其学术体系广大精微一以贯之。其中轻重术诸篇言富国之道，为其他书所无，特别珍贵。刘向校书定《管子》为八十六篇，唐以前亡十篇，今存七十六篇。郭沫若在《青铜时代·宋钘尹文遗著考》中称《管子》书"是一种杂脍"，"是零碎著作的总集"，显然是因为其不知黄老学内圣外王的学术规模故。黎翔凤先生的《管子校注》最值得研读，该书由中

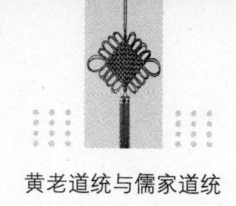

华书局2004年6月出版。

《老子邻氏经传》四篇。姓李，名耳，邻氏传其学。

按：该书已亡。

《老子傅氏经说》三十七篇。述老子学。

按：该书已亡。

《老子徐氏经说》六篇。字少季，临淮人，传《老子》。

按：该书已亡。

刘向《说老子》四篇。

按：以上四家传注皆亡。《老子》一书极尽精深，非亲证大道的明眼人不能述其学。吾辈读《老子》，不妨以佛门解《老子》诸家证之，如明代憨山大师之注（即《老子道德经解》），今人南怀瑾先生之说（《老子他说》等）。当然道教真修实证者所注《老子》亦当参阅。要在，千圣一心，不可存门户之见。

《文子》九篇。老子弟子，与孔子并时，而称周平王问，似依托者也。

按：现存《文子》虽经后人重新整理，亦不离古意，当认真研读。1973年，河北定县汉墓出土的竹简中，在《文子》残简多篇，与今本文字相同的六篇。

《蜎子》十三篇。名渊，楚人，老子弟子。

按：该书已亡。

《关尹子》九篇。名喜，为关吏，老子过关，喜去吏而从之。

按：今本《关尹子》为唐宋间人托名之作，系伪书，亦有值得参考之处。

《庄子》五十二篇。名周，宋人。

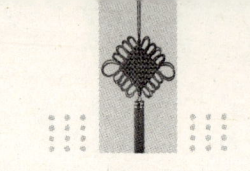

按：《庄子》书欲以辞气惊人耳目，多寓言，故其言内圣外王之道，非一般人所能理解。憨山大师作《庄子内篇注》，值得玩味。

《列子》八篇。名圄寇，先庄子，庄子称之。

按：《列子》虽经晋代张湛整理注释，然不可轻易视为伪作。关于《列子》非伪书，大陆的陈广忠教授和台湾的严灵峰先生都做过详细考证。

《老成子》十八篇。

按：该书已亡。

《长卢子》九篇。楚人。

按：该书已亡。

《王狄子》一篇。

按：该书已亡。

《公子牟》四篇。魏之公子也。先庄子，庄子称之。

按：该书已亡。马国翰有辑本。

《田子》二十五篇。名骈，齐人，游稷下，号天口骈。

按：该书已亡。马国翰有辑本。

《老莱子》十六篇。楚人，与孔子同时。

按：该书已亡。马国翰有辑本。

《黔娄子》四篇。齐隐士，守道不诎，威王下之。

按：该书已亡。马国翰有辑本。

《宫孙子》二篇。

按：该书已亡。

《鹖冠子》一篇。楚人，居深山，以鹖为冠。

按：《鹖冠子》有宋代陆佃注本，其"注序"言该书"初本黄老而

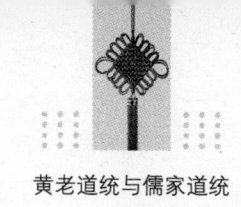

末流迪于刑名"。今人黄怀信作《鹖冠子汇校集注》，该书由中华书局 2004 年 10 月出版。

《周训》十四篇。

按：该书已亡。

《黄帝四经》四篇。

按：1973 年，长沙马王堆汉墓出土的帛书《老子》乙本卷前，有《经法》、《经》（《十大经》）、《称》、《道原》四篇古佚书，唐兰先生认为即此《黄帝四经》。其是黄老之学的代表作，值得认真研读。

《黄帝铭》六篇。

按：今六铭尚存其二，即见于《路史》的黄帝《巾几铭》和见于《荀子》等书的黄帝《金人铭》。

《黄帝君臣》十篇。起六国也，与《老子》相似也。

按：该书已亡。

《杂黄帝》五十八篇。六国时贤者所作。

按：该书已亡。

《力牧》二十二篇。六国时所作，托之力牧。力牧，黄帝相。

按：该书已亡。

《孙子》十六篇。六国时。

按：该书已亡。

《捷子》二篇。齐人，武帝时说。

按：该书已亡。

《曹羽》二篇。楚人，武帝时说于齐王。

按：该书已亡。

《郎中婴齐》十二篇。武帝时。

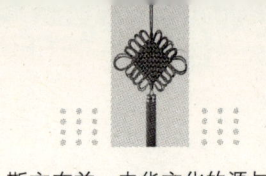

按：该书已亡。

《臣君子》二篇。蜀人。

按：该书已亡。有学者谓"君子"乃"君平"之误。《臣君平》，即西汉蜀郡严君平之《老子指归》，《老子指归》"只知有汉，无论魏晋"，当非伪书。该书为"汉老子"代表作，目前存七卷。今人王德有先生作《老子指归译注》，商务印书馆2004年12月出版。

《郑长者》一篇。六国时。先韩子，韩子称之。

按：该书已亡。马国翰有辑本。

《楚子》三篇。

按：该书已亡。

《道家言》二篇。近世，不知作者。

按：该书已亡。

班固于书目后总述道家云："道家者流，盖出于史官，历记成败存亡祸福古今之道，然后知秉要执本，清虚以自守，卑弱以自持，此君人南面之术也。合于尧之克攘，《易》之嗛嗛（"嗛"同"谦"——笔者注），一谦而四益，此其所长也。及放者为之，则欲绝去礼学，兼弃仁义，曰独任清虚可以为治。"

请注意，这里的道家是人君（文中言"君人"有误）治理国家的南面之术，非后世道教的养身成仙之术。所谓"绝去礼学"、"兼弃仁义"、"独任清虚"，只是道家中极端者所为，不是道家的本来面目。韩愈所述道家，实近于道教，离黄老之学内圣外王的本质，相去远矣！

《汉书·艺文志》所录黄老诸书大部分已佚，但《管子》、《庄子》、《黄帝四经》等重要典籍今天俱在，再参阅名家、法家、杂家（《淮南子》、《吕氏春秋》尤其重要）等百家之学，我们完全能够完整认识中

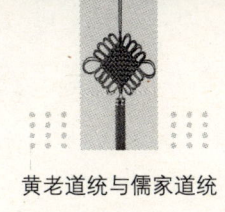

黄老道统与儒家道统

华道统的精髓所在。

是我们由儒家伪道统回归以黄老为轴心的中华五千年道统的时代了，因为文艺复兴以来肉欲的解放将人类文明推向了极其危险的境地，核发武器的扩散，生态系统的危机，政治经济的混乱，所有这一切都要求将人类文明置于超越西方文明的、更坚实的基础之上——大道是永恒的，行人间大道者方能立于不败之地。

呜呼，人间大道不绝，吾辈何其幸也！

"世间须大道"，有志济世者——勉哉！

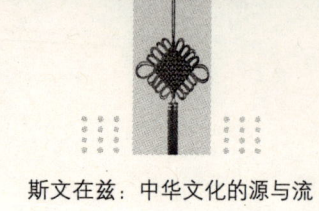

第四章 中国现代学术的兴起与西学的中国化

自古以来,中国人就有海纳百川的伟大气魄,我们善于从其他民族那里汲取先进文化,并融会贯通,使之成为中华文化的一部分。历史上最典型的例子就是东汉以后印度佛学的引入。

明清两朝,西方传教士就已经将西方文明成果带到中国,但他们对中国本土学术的影响并不大。系统引入西方知识体系和西方学制的是近代中国留学生们。

1840年以后,面对西方强大军事力量的直接威胁,我们开始以极强的主动性学习西方科技成就。19世纪70年代,在晚清洋务派重臣曾国藩、李鸿章、沈葆桢的大力支持下,清政府决定向英美国等西方国家派出官费留学生,其目的在于"师夷之长技以制夷"。

一、学术成为美国攫取中国核心利益的超级战略武器

然而,进入20世纪,历史女神仿佛有意跟中国人开玩笑。学习西方不仅没有实现我们"师夷之长技以制夷"的目的,结果反而是"师夷

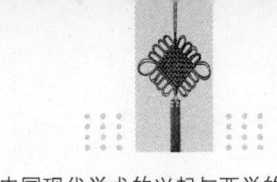

之长技被夷制",这究竟是怎么回事呢?

原来,美国为了直接影响中国政治,将吸引中国青年去美国留学作为培植亲美势力、取得商业利益的重要手段。集中体现美国这一国家战略就是伊利诺大学校长埃德蒙·詹姆士(Edmund J. James,1855~1925年)1906年初向当时的总统西奥多·罗斯福(Theodore Roosevelt)提交的《关于向中国派出教育使团的备忘录》。

在詹姆士的备忘录中,学术成为美国攫取中国核心利益的超级战略武器,这种现象在20世纪以前的人类历史中是极其罕见的。《关于向中国派出教育使团的备忘录》思想核心是"道义精神上的主宰比军旗更必然地为商贸开辟道路"。进而言之,学术殖民比军事殖民更为有利,其中说:"哪个国家能够做到成功教育这一代中国青年,那个国家为此付出的一些努力,就会在道义、文化及商业的影响力方面获取最大的回报。如果美国在三十年前就成功地把中国留学潮引向美国、并使其长盛不衰(曾经有一度看来快成功了),那么我们今天就可以通过文化知识上和精神上对中国领袖群体的主宰作用,以最令人满意又最微妙的方式控制中国的走向。"[①]

詹姆士备忘录代表了当时美国朝野许多人的共同主张。正是在该备忘录精神的指引下,美国政府(也包括其他西方国家)立刻行动起来,先是用庚子赔款的退款招收中国留学生,后来建立了"由美国移植到中国来了的大学校"(罗素语)清华大学,又在诸多西式大学的基础上创建各种专业学会和各类学术刊物,通过消灭中国本土学术生存的制度基

---

① 翟玉忠:《中国拯救世界:应对人类危机的中国文化》,中央编译出版社,2010年,第276页。

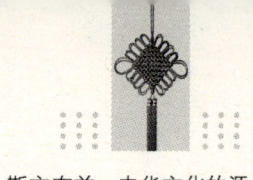

础达到全面控制中国精英目的——今天西方强国近乎完全实现了在道义精神上征服中国的宏大战略构想——以至于中国学者普遍认为移植到中国的西方学术等于现代中国学术,尽管这在逻辑上根本说不通。

对于1908年美国国会决定用庚子赔款的一部分"帮助"中国兴办教育,即史称的"退款兴学",有些中国知识分子认为它既对中国有好处,也对美国有好处,所以不能称之为文化侵略;另一些知识分子则为美国人的善举感激涕零。比如一位著名诗人就为美国政府用庚子赔款设立的"山西基金会"改革开放后仍为山西每年捐款20万美元感动得大哭了起来,并由此断言:"美国人是我们最好的朋友,中国人在全世界唯一最好的朋友是美国人。"[①]

笔者不反对引入西方学术,特别是西方的科学技术。从詹天佑到钱学森,支撑起中国近代科技的主要力量就是引入西学的留学生们。问题是,我们不能模糊美国文化征服战略的本质及这一战略导致的灾难性后果——中国本土学术体系的解体。

从三千年前西周王官学一直到20世纪中国革命和建设的经验,中国本土学术思想是我们的先贤对数千年历史经验的理论总结,失去了这一学术土壤,如何因革损益地产生真正的"中国学术"?今天,通过容易导致严重思想混乱的比附,我们得到的只是不中不西的"在中国的西方学术"!而中国本土学术呢?已经全都成了西方学术的研究材料,即使所谓的比较研究,也几乎都是按"西是中非"的既定学术标准进行。

2010年底,清华大学公共管理学院一位刚从英国回来的年轻老师找

---

① 《中国人在全世界唯一最好的朋友是美国人》,网址:http://news.ifeng.com/opinion/200711/1130_23_316832.shtml,访问日期:2011年1月27日。

到笔者，他说建立中国自己的学术体系太重要了。我问你的这个想法从何而来。他答：自己的单位与商务部有个培训外国专家（还有军人）的项目，作为老师，他突然发现自己没有什么可教人家的，因为中国所有的科目都来自外国，根本不能用来教人家。好在外国人来中国留学一般是为了方便学汉语，同时更多地了解中国现实——这位学者也揭示了中国学界一个天大地大的秘密：在中国的西方学术不等于中国学术！

脱下西学的"皇帝新装"，今日之中国学术还剩下什么——所有这一切都来自美国用学术征服中国的战略——他们知道，这是最廉价、反抗最小，也是长期内最有效的殖民方式。在留下慈善之名的同时，做到不战而屈人之兵。

所以，中国学人必需清楚，20世纪初美国朝野推动用退还庚子赔款的钱让中国青年来美留学，其目的只有一个，就是美国长期的商业和政治利益，根本就不是为了帮助中国实现现代化；他们要以学术手段，使中国美国化，使中国变成美国无形的殖民地，进而"赢得整个帝国"。

1905年，由于美国长期奉行种族主义的排华政策，中国商人和爱国人士开展了轰轰烈烈的抵制美货运动。1905年6月，上海商务总会召集会议，作出了"不用米国（即美国——笔者注）货、不定购米国货"的决定。一时间，全国各地各界人士纷纷响应。此举使美国在华商业受到巨大的打击，据当时的《时报》载："自抵制美约之风潮起，花旗（即美国——笔者注）面粉大为滞销。"

由是美国朝野认识到了精神上控制中国的重要性。时任美国驻华公使、通晓中文和藏文的汉学家柔克义（William W. Rockhill）向罗斯福总统建议用退还庚子赔款的形式平息中国人的愤怒，同时用这些钱供中国政府派遣学生去美留学之用。

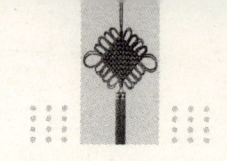

斯文在兹：中华文化的源与流

柔克义是中国通，在同受过美国教育的清政府官员接触中，他意识到这些人所造成的政治影响符合美国国家战略利益。早在1905年初，他就在写给一位参议员的信中呼吁允许接收中国学生就读西点军校。他的理由是："我不能设想还有比向他们提供我们的教育设施所能提供的便利更为有益的事——不仅对他们来说，而且最终对我们来说。从与许多在美国接受教育的中国官员的长期接触中，我完全有信心地说这些人对他们国家和人民所产生的影响绝对是符合我们利益的。已有不少中国的海军军官在美国接受教育，他们中许多人已享有盛名。我相信如果有可能允许中国学生进入西点军校，将会获得同样令人满意的结果。"①

后来，柔克义竭尽全力防止这笔巨款用于有利于中国现代化的其他任何目的，我们甚至可以用"不择手段"一词来形容柔克义的努力。因为包括柔克义在内的美国政治文化精英懂得："随着每年大批的中国学生从美国各大学毕业，美国将最终赢得一批既熟悉美国又与美国精神相一致的朋友和伙伴。没有任何其他方式能如此有效地把中国与美国在经济上政治上联系在一起。"这样就可以"避免将来中国再次发生类似1900年的义和团运动和1905年的抵制美货运动"②。

1905年7月12日，柔克义写信给罗斯福总统，力陈将退款用于教育的重要性，明确反对康乃尔大学教授 Jeremiah Jenks 提出的将退款用于清政府货币改革的建议。货币改革显然是中国急需的，但柔克义的理由很简单——这一方案不切实际。

---

① 转引自崔志海：《关于美国第一次退还部分庚款的几个问题》，载《近代史研究》2004年第1期。

② 积极推动退还庚子赔款在中国兴学的美国传教士明恩溥语。1906年3月6日，他到白宫拜见罗斯福总统，使后者下决心将退还的庚子赔款用于"教育"掌握中国未来的年轻人。参阅杨生茂主编：《美国外交政策史》，人民出版社，1991年，第254~255页。

当时的清政府也不赞成将退款全部用于派遣中国学生留学美国。1905年直隶总督袁世凯上书建议将退还的庚款先用于兴办路矿,再以其所获之余利用于兴学。当时中美之间正好发生粤汉路权之争,袁世凯的建议并没有产生什么实质性影响。

1907年6月,美国国务卿罗脱正式通知中方将退还部分庚款之后,清政府对于退还的庚款用途提出了具体建议:设立资本金为2000万美金的东三省银行,在美国发行债券,以东三省的一部分收入和退还的庚款为抵押,然后以东三省银行的盈余用于派遣中国学生留学美国。

清政府可能也像今天许多中国学者一样,天真地认为这一计划既满足了美国的"善意",又有利于中国的现代化。不过美国驻华公使柔克义可不关心中国的实业发展计划,他软硬兼施,强迫清政府同意将退还的庚款全部用于派遣赴美留学生。清政府不得不于1908年7月14日发出照会,规定自开始退还赔款之年起,头四年每年遣送100名学生赴美留学,自第五年起每年至少选派50名中国学生赴美留学,直到该项退款用完为止。

这时清政府还不甘心。7月14日照会发出后不久,它就决定派特使唐绍仪赴美游说,希望美国接受建立东三省银行的计划。柔克义得知内情后,很快就向美国国务院汇报了唐绍仪访美的真实意图,建议美国政府不要接受清政府的方案;他还对唐绍仪进行人格上的侮辱。1908年7月30日,他在写给国务卿的信中说,唐与大多数中国人一样,对财政和政治经济问题完全无知,他甚至不能被称为是一个受过很好教育的人。

是年年底唐绍仪访美,无果而终。

1908年美国国会通过法案准许用庚子退款资助中国留学生,这使得

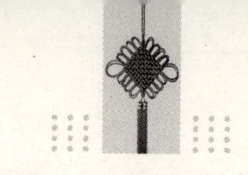

斯文在兹：中华文化的源与流

中国留美学生人数迅速上升。1909 年 8 月游美学务处成立，到 1911 年辛亥革命止，经过游美学务处考试选拔，清政府共谴派 3 批 180 名学生赴美；要知道，1872 至 1907 年 35 年间，清政府才派遣了 220 名官费生赴美！

1911 年，留美中国学生共为 650 人。清朝结束后，这一数字不断攀升，1949 年，留美学生总数达到 3797 人。复旦大学陈潮先生写道："民国以后留美活动持续发展，这同美国政府对华战略有密切关系。美国为了迅速影响中国各个领域，将吸引中国青年去美国留学当作培植亲美势力的重要手段。它在留学经费上比其他国家慷慨，除继续实行庚款留学的政策，其国内各大学纷纷向优秀的中国青年提供奖学金。根据 1925 年统计，当时在美留学的人来自 97 个国家，总数为 7510 人，其中中国学生竟占三分之一，多达 2500 人。这种中国学生在美独占鳌头的局面一直持续着……"①

过去一百多年来，美国一以贯之地执行着詹姆士备忘录主张的从道义精神上征服中国的计划。领土上的侵略显而易见，而学术上的征服却是和风细雨般的——21 世纪，面对中国精英将其子女普遍送入美欧名牌大学的现实，我们要特别警惕！

二、中国本土学术被送入历史垃圾堆

詹姆士备忘录梦想的"道义精神上的主宰"，主要是通过近代中国

---

① 陈潮：《近代留学生》，中华书局，2010 年，第 36 页。

留学生引入西方知识体系实现的。

比较来说，近代留学生们在引入西方自然科学方面的成绩是显著的，而在人文领域，其负面作用却相当大。为什么是这样呢？原因很简单，自然科学的研究对象是相对简单的物质世界，这些物质放在东西方几乎不会产生本质上的区别，再加上自然科学原理需要用实验验证，所以除了对中医等，西方自然科学的引入产生的负面影响就较小。

而人文学术不是这样，东西方的社会环境、历史背景差距太大，西方人文学术是西方社会历史经验的总结，几乎只适用于西方，很少能够适用于中国。将西方人文学术同中国人文学术比较是容易的，但留学生们却用比附的方法，找出中国本土学术中与西学相关的只言片语附会西学，其结果是中国本土学术的崩溃及新的主体文化直到今天还难以形成。

事实上，已经有太多的学者看到了近代留学生竞相贩卖西方人文学术所产生的恶果。这些留学生，无论留英、留日、留美、留法、留德、留加，习惯性地将所学视为先进文化介绍到中国，得来的知识往往并不深厚，回国后也不能根据中国现实加以改造，造成了中国思想界的严重混乱。1934年，现代哲学家、日本东京帝国大学毕业的张东荪（1886～1973年）在《十年来之哲学界》一文中痛斥："我们试看国内究竟有多少自主的思想！虽然刊物如牛毛，论文可充栋，然而很少是自抒所见的。差不多总是抱着外国的某某一派，来替他摇旗呐喊。其结果只把中国当作了外国学说的战场，而始终不见有中国自己的学说与思想。"①

拿张东荪先生的话反思当代学界，怎能不令21世纪的我们汗颜！

---

① 《光华大学》半月刊，第3卷第9～10期，1935年出版。

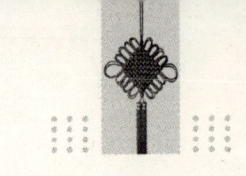

斯文在兹：中华文化的源与流

近代留学生移植西方学术和用西方知识体系整理中国本土学术过程中最明显的失误就是忽视了东西方文化背景的差异，将西学急功近利地引入中国，由是产生了灾难性的排异反应。

法国汉学家、法国科学院院士谢和耐（Jacques Gernet，1921年~）在《中国人的智慧》一书中谈到东西方文化差异时写道："首先要提到中国和西方在政治经历上的差异。我们的历史记录和中国的不一样。我们所有来源于希腊和拉丁的语汇（民主制、君主制、专制主义、统治权、共和制……）都可以追溯到现实及我们所特有的传统。在权利相等和自由的市民（即是说非奴隶又非侨民）之间，讨论城邦共同的福利时，最初使用的政治方面的基本语汇也是一样的。人们认识到，在市政立法和议会制度中，这个典型延续到今天。此外，西方的体制都以城邦和城市为中心，罗马帝国是把城邦的法律施于整个蛮族而建立的。据中国的观点，西方的政治史看来是独特的，也可以说是另类的。"①

他进一步指出，正是由于中西方文化背景的极大不同，才不利于二者间的比附，却有利于二者之间的比较。他写道："……地理位置、社会、经济、政治体制、思想状态、集体历史经验，在这两种文化中都没有什么可比之处。然而正是深刻的差异有可能对它们作出显著的比较。"②

中西方文化差异太大，二者不能随意比附，也不能将西方学术概念随意引入中国。中国最早的名学经典《墨经》在理论上阐述了这一点。

《墨经》保存在《墨子》一书中，通常指《经上》、《经下》、《经

---

① ［法］谢和耐：《中国人的智慧》，何高济译，上海古籍出版社，2004年，第9~10页。
② ［法］谢和耐：《中国人的智慧》，何高济译，上海古籍出版社，2004年，第3页。

上说》、《经下说》、《大取》、《小取》六篇,其中《经上说》、《经下说》是对《经上》、《经下》的解释或补充。《经下》指出"假必悖",就是说假借概念必然导致思维的混乱。

根据雷一东女士的校解,我们将《经下》原文和相应的"说"引述如下:"[经]假必悖。说在不然。[说](假)假必非也而后假,狗假霍(通"鹤"——笔者注)也,犹氏霍也。"这句话是说,假借必然导致混乱,因为不是事实。假借必定是在不真实的情况下才假借的。假如给一只狗取名为"鹤",别人听到有人叫它的名字"鹤"时还以为是叫一只鸟。狗假借了鹤的名字,但它并不是鹤,就如同有人姓"霍",但他也不是鹤一样。①

不幸的是,名学在中国早已成为绝学。近代中国人文学者通过以中学随意比附西学,肆意引入西方学术概念,将中学硬塞入西方学术体系之中。甲午战争后,严复在《救亡决论》中就提出"取西学之规矩法戒,以绳吾'学'"的主张。五四运动后胡适在《新思潮的意义》一文中提出"输入学理,整理国故",比附研究逐步成为中国学界的主流。1918年蔡元培在为胡适的《中国哲学史大纲》所作的序言中清楚地表达了当时学人的一般认识:"我们今日要编中国古代哲学史,有两层难处。第一是材料问题,周秦的书真的同伪的混在一处。就是真的,其中错简错字又是很多。若没有做过清朝人叫做'汉学'的一步功夫,所搜的材料必多错误。第二是形式问题,中国古代学术从没有编成系统的记载。《庄子》的《天下篇》,《汉书·艺文志》的《六艺略》、《诸子略》,均是平行的记述。我们要编成系统,古人的著作没有可依傍的,

---

① 参阅雷一东:《墨经校解》,齐鲁书社,2010年(第3次印刷),第203页。

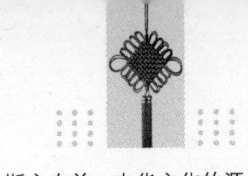

不能不依傍西洋人的哲学史。所以非研究过西洋哲学史的人不能构成适当的形式。"①

在严复和蔡元培诸先生看来,中国本土学术是没有系统的堆积,需要西学来拯救。用严复在其名篇《救亡决论》中的话说:"吾所有者,以彼法(指西学体系——笔者注)观之,特阅历知解积而存焉,如散钱,如委积。"②殊不知,从中医到轻重之术,中国古典学术理论一以贯之,其统一性,系统性,西学直到今天还达不到。

战国末期,《庄子·天下篇》的作者就曾感叹内圣外王大道有分崩离析的危险,文中说:"悲夫!百家往而不反(通"返"——笔者注),必不合矣!后世之学者,不幸不见天地之纯,古人之大体,道术将为天下裂。"想一想,西汉整合百家的黄老之学消失于学人的视野中后,由于儒家的独尊和诸子的异端化,清末民初中国学术已经支离破碎到什么程度!

这里,我们以刘师培1905发表的《周末学术史叙》为例,来说明比附研究的具体危害——《周末学术史叙》是一篇用近代西方学科体系框定中国本土学术,将中国本土学术纳入西方学术体系的代表作。

《周末学术史叙》是刘师培拟著的《周末学术史》序目,全书将周末学术史分为16类:心理学史、伦理学史、论理学史(逻辑学史)、社会学史、宗教学史、政法学史、计学史(财政学史)、兵学史、教育学史、理科学史、哲理学史、术数学(天文、历谱、五行、蓍龟、杂占、形法等)史、文字学史、工艺学史、法律学史、文章学史;在《心理学史叙》中,刘师培将中国先贤对心性的认识比附于西方心理学,他似乎

---

① 胡适:《中国哲学史大纲》,上海古籍出版社,2000年,蔡元培序第1页。
② 《论世变之亟——严复集》,辽宁人民出版社,1994年,第71页。

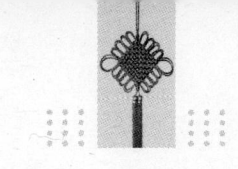

根本不知道,修身养性、明心见性乃中华文化的根本,其内涵远远不是西方心理学所能概括的——据说今日的大学中已经开讲"东方心理学",这也算是一种"进步"了!

刘师培《心理学史叙》不长,我们不妨将除去自注之外的全文录在这里:

"吾尝观泰西学术史矣。泰西古国以十计,以希腊为最著。希腊古初有爱阿尼学派,立论皆基于物理,及伊大利学派兴,立说始基于心理,此学术变迁之秩序也。

"盖上古之民,狉榛(亦作狉獉,音 pīzhēn,意为草木丛杂,野兽出没——笔者注)末启,故观心之念未生。惟人生本静,感物而动,物至自知,弗假思索,故观物之念,昔已萌芽。中古之民,新知渐瀹(音 yuè,疏通之意——笔者注),知物由意觉,觉由心生,由是远取诸物,亦近取诸身,而观察身心之想油然起矣。吾观炎黄之时,学术渐备,然趋重实际,崇尚实行,殆与爱阿尼学派相近。夏商以还,学者始言心理。《商书·汤诰》曰:'惟皇上帝降衷于下民,若有恒性。'是为孟子性善说之祖。《商书·仲虺之诰》曰:'惟天生民有欲,无主乃乱,惟天生聪明时乂。'是为荀卿性恶说之祖。殷商之交,性学渐明。东周学者,惟孔子性近习远之旨,立说最精。盖孔子之意为,以人生有性,大抵差同,因习染而生差别。荀、孟二家皆治孔氏之言,然一倡性善,一倡性恶,儒家立说,自昔已歧,然其论皆稍偏矣。告子治名家言,以食色为性,颇近荀卿,又言'生之为性',言'性无善无不善',则立说不背于孔子。盖告子此说指体言,非指用言,故明代余姚巨儒隐窃斯旨,孟子斥之,非知言也。至道家者流,以善即恶,善恶之界荡然泯矣。惟管、墨论性,于性近习远之旨大抵相符。以此知孔门论性,立言曲当

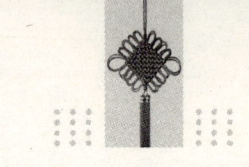

斯文在兹：中华文化的源与流

（曲当，委曲得当，完全恰当——笔者注），足为性学之宗矣。"①

刘师培自注"观心"云："观心二字见佛典。"② 如果刘氏真知佛家观心、儒家克念作圣之旨，恐怕他就不会将中国性理比附西方心理学了——这位自幼受经史之学训练的著名学者似乎没有明白西方心理学为何物，亦不太明白中国本土学术中的性——然而他的学术方法竟然成为21世纪中国学者的指南，不亦悲乎！

中国社科院近代史所研究员左玉河先生谈到中国学者引入西学的学术方法时总结道："晚清学者在吸纳西学、研习中国旧学之时，多以中学'比附'西学，对中国旧学进行'类比式'研究，并以此会通中西学术。所谓类比式研究，指在研究中国古代学术思想时，以近代西方学科概念与学术体系为参照，找出中国传统学术中与西方近代学术类似之思想。这种类比式研究，是中西学术交流中必然出现的现象，其附会肤浅之弊端显而易见，但对于中西学术之接轨，是有益的。究其动机，是借助中西学术之类比，寻求中西学术会通之道，从而将中国旧学纳入西学新知系统之中。"③

为了引入西学，与西学接轨，即使消灭中学也在所不惜。在21世纪的今天，中国学人仍这样认为——这不是一种愚昧，也是一种耻辱，或者愚昧与耻辱兼而有之！

那么中国本土学术最终是如何被送入历史垃圾堆的呢？说来令人感到不可思议，使中国本土学术体系彻底崩溃的竟是上个世纪二三十年代

---

① 《刘师培史学论著选集》，上海古籍出版社，2006年，第59~61页。
② 《刘师培史学论著选集》，上海古籍出版社，2006年，第59页。
③ 左玉河：《从四部之学到七科之学：学术分科与近代中国知识系统之创建》，上海书店出版社，2004年，第433页。

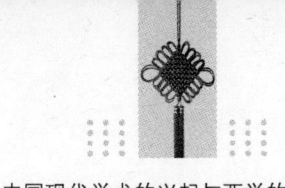

风行学界、名实相乖的"整理国故"运动——通过将中国本土学术史学化,用胡适动听的话说叫"专史式整理"。

1923 年,第二批庚款留美生胡适在《国学季刊·发刊宣言》中将他《新思潮的意义》一文中"整理国故"的思想细化了,同时,通过学科设置,这篇文章锁定了 20 世纪中国人文学术的大方向——即在中国本土学术史学化的同时全面引入西方学术,将在中国的西学巧妙地置换为"中国学术"。

在《国学季刊·发刊宣言》中,胡适首先总结了明末至当时三百年学术的成就,认为这三百年的成绩主要表现在"整理古书"、"发现古书"、"发现古物"三个方面。缺点也有三个,即:"研究的范围太狭窄了"、"太注重功力而忽略了理解"、"缺乏参考比较的材料"。于是胡适顺理成章地提出了自己研究中国本土学术的主张,包括以下三方面:

(1)扩大研究的范围。

(2)注意系统的整理。

(3)博采参考比较的资料。

胡适先生主张扩大研究范围,经、子平等之类,当然是对中国学术的大贡献;在博采参考比较的资料方面,胡适先生反对附会在当时也有巨大启发意义,尽管他反对的只是荒诞的附会,而不是反对用中国本土学术比附西学。他说:"最浅陋的是用'附会'来代替'比较'。他们说基督教是墨教的绪余,墨家的'巨子'即是'矩子'。而'矩子'即是十字架……附会是我们应该排斥的,但比较的研究是我们应该提倡的。"[1]

这里的关键是"系统的整理"。

---

[1] 胡适:《国学季刊·发刊宣言》,《胡适文集》(三),北京大学出版社,1998 年,第 16 页。

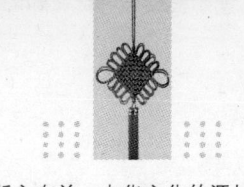

按胡适先生的说法,"系统的整理"可分三种方式:一是索引式的整理,二是结账式的整理,三是专史式的整理。前两种工作先贤已经作过,不需多说,问题就出在第三种方式——"二千年来,此业尚无人作者"① 的专史式整理。

胡适首先提出了专史式整理的总纲,即用历史的眼光看待中国文化,这实际上等于判了中国文化的死刑,他说:"索引式的整理是要使古书人人能用,结账式的整理是要使古书人人能读,这两项都只是提倡国学的设备。但我们在上文曾主张,国学的使命是要使大家懂得中国的过去的文化史;国学的方法是要用历史的眼光来整理一切过去文化的历史。国学的目的是要做成中国文化史。国学的系统的研究,要以此为归宿。一切国学的研究,无论时代古今,无论问题大小,都要朝着这一个大方向走。只有这个目的可以整统一切材料,只有这个任务可以容纳一切努力,只有这种眼光可以破除一切门户畛域。"②

紧接着,胡适抛出了他国学研究的分科,这一分科直到今天仍是大学中国文化研究的基本框架,它决定了中国文化的最终命运。胡适的分科如下:

(一)民族史

(二)语言文字史

(三)经济史

(四)政治史

(五)国际交通史

---

① 胡适:《淮南鸿烈集解序》,《胡适文集》(三),北京大学出版社,1998年,第143页。
② 胡适:《国学季刊·发刊宣言》,《胡适文集》(三),北京大学出版社,1998年,第14~15页。

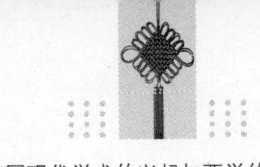

（六）思想学术史

（七）宗教史

（八）文艺史

（九）风俗史

（十）制度史

于是，活生生的中国文化变成了西学的研究材料。这还不够，由于"国故的材料太纷繁了，若不先做一番历史的整理工夫，初学的人实在无从下手，无从入门"①。对治的方法就是作专史，此中包括两点：

"第一，用现在力所能搜集考定的材料，因陋就简的先做成各种专史，如经济史、文学史、哲学史、数学史、宗教史……之类。这是一些大间架，他们的用处只是要使现在和将来的材料有一个附丽的地方。

"第二，专史之中，自然还可分子目，如经济史可分时代，又可分区域，如文学史哲学史可分时代，又可分宗派，又可专治一人；如宗教史可分时代，可专治一教，或一宗派，或一派中的一人。这种子目的研究是学问进步必不可少的条件。治国学的人应该各就'性之所近而力之所能勉者'，用历史的方法与眼光担任一部分的研究。子目的研究是专史修正的唯一源头，也是通史修正的唯一源头。"②

大家知道，中国本土学术的特点就是各学术门类之间是互通的，大道一以贯之，能由博而返约。过去八十多年来，这种专史式研究造就了太多专家、教授，却没有几部好的通史，几乎找不到"通儒"。今天哲学史门类可谓细致，然研究哲学的中国学者竟然对中国有没有哲学都产生了怀疑，这类学术研究岂不荒唐！

---

① 胡适：《国学季刊·发刊宣言》，《胡适文集》（三），北京大学出版社，1998年，第15页。
② 胡适：《国学季刊·发刊宣言》，《胡适文集》（三），北京大学出版社，1998年，第15页。

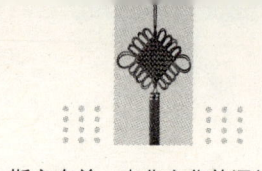

通过专史式整理,具有五千年生命力的中国文化成了用西方学术剪刀任意裁割的死史料,如学术僵尸一样被摆在中国各大学教室中,等待那些稚气尚存的青年学子去肢解——中国本土学术灭亡了,然而在中国的西方学术仍是西方学术——中国本土学术的重建之路阻且长!

三、移植西学过程中鄙名与伪名之灾

中国本土学术通过专史式地"整理国故"被送入了历史垃圾堆,同时也为近代中国学人引入西方学术扫清了障碍。

不幸的是,近代西方学术建立在二元对立的思维方式基础上,以狭隘的欧洲中心论(即东方主义)和线性进步史观为基本特征。在西方学术中,包括中国在内的东方实际上是被想象出来的对立的、用消极概念描述的他者。

英国谢菲尔德大学政治与国际关系学高级讲师约翰·霍布森(John M Hobson)在《西方文明的东方起源》一书中这样写道:"东方主义或欧洲中心论(在本书中我交替使用它们)是一种世界观,它声称西方比东方有着固有的优越性。更确切地说,东方主义塑造了一种永恒的优越的西方形象('自我'),这是相对于虚构的'他者'——对落后和低等的东方的消极界定。正如在第 10 章中阐释的那样,这种截然对立的基本概念,18 世纪和 19 世纪时就在欧洲人的想象中凸显出来。"①

那么,这些消极概念包括哪些呢?约翰·霍布森举例说那是和西方相

---

① [英]约翰·霍布森:《西方文明的东方起源》,孙建党译,山东画报出版社,2009 年,第 7 页。

对的一系列落后品性,包括:非理性、武断、懒惰、低效、放纵、糜乱、专制、腐败、不成熟、落后、缺乏独创性、消极、具有依赖性和停滞不变。

19世纪是现代诸多人文学术的形成期,带有这些概念的西学植入必然导致大量鄙名进入中国学界,造成中国学人思想的极度混乱。以对当今中国人文学界影响巨大的马克斯·韦伯为例,约翰·霍布森评论说:"在德国社会学家马克斯·韦伯的作品中,东方主义观点尤为明显。韦伯的所有观点都是基于尖锐的东方主义问题:是什么导致西方必然地走上了现代资本主义道路?为什么东方注定会经济落后?韦伯的东方主义观点,可以在其最初提出问题,以及他随后为回答这些问题所展开的分析方法中找到。韦伯的观点是:现代资本主义的本质在于其独特而显著的'理性'和'可预料性',这些优点只有在西方才能找到。"[1] 约翰·霍布森还用用表格的方式列出了马克斯·韦伯加诸东方世界的鄙名(下表右侧):

西方世界(现代性)	东方世界(传统)
理性的(公共)法	特别的(私)法
复式记账法	不合理的记账法
自由和独立的城市	政治或行政管理的大本营
独立的城市资产阶级	受国家控制的商人
理性—法律和(民主的)国家	世袭的(东方专制)国家
理性科学	神秘主义
新教伦理和理性个体的出现	压抑的宗教和集体的支配
西方的基本制度结构	**东方的基本制度结构**
所有组织和机构之间社会力量均衡(例如多国体系或多种权力主体的文明)的分散独立的文明	组织和机构之间社会力量不均衡(例如单一国家体系或帝国统治)的统一的文明 公私领域的结合(不合理的制度)

资料来源:[英]约翰·霍布森:《西方文明的东方起源》,孙建党译,山东画报出版社,2009年,第15页。

---

[1] [英]约翰·霍布森:《西方文明的东方起源》,孙建党译,山东画报出版社,2009年,第14页。

斯文在兹：中华文化的源与流

这里我们有必要解释一下鄙名。

鄙名是中国名学的一个重要概念，主要指强加给一般事物的鄙陋恶名。南北朝时著名子书《刘子》有《鄙名第十七》阐述鄙名之害，作者开篇写道："名者命之形也，言者命之名也，形有巧拙，名有好丑，言有善恶。名言之善，则悦于人心；名言之恶，则忮於人耳。是以古人制邑名子，必依善名名之，不善害于实矣。"这段话的大意是说，名是用来称呼其形的，而言又是用来说明其名的，物有形状有精巧、有粗劣，称名则有美善、有鄙陋，而言论也有好有坏。若好言善名，则能取悦人心，讨人喜欢；相反若丑名恶言，则刺耳逆心，让人生厌。所以古人不论为邑里命名还是为儿女命名，一定取好名。名号若不美善，将妨害事物本身。

鄙名随西方文明引入中国，导致了中国知识分子和一般民众极度的自我否定心态。从国民性到政治经济制度，一切都是西是中非。在21世纪的今天，这种痼疾有愈演愈烈之势。

引入西学，将在中国的西方学术"偷换"为中国学术带来的另一个问题是大量伪名的出现。什么是伪名呢？简单说就是不以事实为根据，有名无实的虚假名号。本来当是"实为名源"，结果却颠倒成了"名为实源"。具体地说，就是中国本无此实，而西学却有此名（比如马克思主义中的"奴隶社会"、"封建社会"和"资本主义社会"），中国学者常常不加鉴别地将之引入，这很容易导致学术的经院化，甚至玄学化。

徐干（171～217年）在《中论·考伪第十一》中论述了伪名的本质及其危害，他说："名者，所以名实也，实立而名从之，非名立而实从之也。故长形立而名之曰长，短形立而名之曰短。非长短之名先立，而长短之形从之也。仲尼之所贵者，名实之名也。贵名乃所以贵实也。

中国现代学术的兴起与西学的中国化

夫名之系于实也,犹物之系于时也。物者,春也吐华、夏也布叶、秋也凋零、冬也成实。斯无为而自成者也,若强为之,则伤其性矣。名亦如之,故伪名者皆欲伤之者也。"这段话的大意是说,名称是用来称呼事实。事实存在,名称就会随之而来;并不是先有名称,事实才跟着来。所以长形的东西先存在,才会称它为"长";短的东西先存在,然后才会称它为"短"。并不是长短的名称先有了,然后长形短形的东西才跟着出现。孔子所贵重的,是用来称呼事实的名声,看重名声,也就是看重事实。那名声是属于事实的,就像植物系属于四季。植物在春天开花,夏天长叶,秋天凋谢,冬天存有果实,这些都是没人刻意去做而自然而然形成的。如果勉强去做,反而会伤害到植物的本性。名称也是这样,所以追求伪名的人都是想去伤害事物本性的人。

在肯定马克思主义对近代中国革命和建设伟大贡献的同时,我们也不能否认马克思主义明显的欧洲中心论特征。有人甚至称马克思的理论为"涂上红色的东方主义"[①]。这明显体现在他的线性历史观中,约翰·霍布森写道:"马克思的整个历史理论如实地复制了东方主义或者欧洲中心主义的目的论。在《德意志意识形态》中,马克思对资本主义现代性的起源,一直追溯到文明的源头古希腊时代(并且在《1857~1858年经济学手稿》中他明确摒除了古埃及的重要性)。然后,他叙述了我们所熟悉的欧洲中心的线性或内在的发展史,一直持续到欧洲封建主义和欧洲资本主义时期,然后是到达共产主义终点之前的社会主义时期。这样,西方人从初始就没有经历'原始的集体主义',在经过四个发展

---

① [英]约翰·霍布森:《西方文明的东方起源》,孙建党译,山东画报出版社,2009年,第13页。

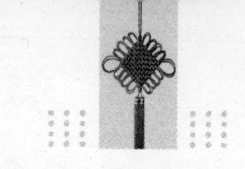

的历史阶段后,最终将通过革命的阶级斗争使自己和亚洲人获得解放。对于马克思来说,和西方资产阶级是全球资本主义的'选民'一样,西方无产阶级是人类的'选民'。马克思对黑格尔方法论的颠倒,产生了一种发展的或者直线的历史,其中(西方)种族通过每个短暂历史阶段的阶级斗争缓缓走向自由。"①

与西方源于犹太人的线性时间观念不同,在中国先哲的观念中,时间并不具有明显的方向性,故他们重因变,随时举事。《淮南子·齐俗训》所谓:"往古来今谓之宙,四方上下谓之宇,道在其间,而莫知其所。"

抛开西方直线性的时间观念不谈,事实上,马克思主义历史五阶段论只是对西方历史经验的总结,欧洲典型的奴隶社会、封建社会、资本主义社会在中国历史上根本就没有存在过。中国有过奴隶,却没有产生过奴隶占劳动力主体的奴隶制;中国西周有过封建诸侯,诸侯国却是在西周王朝统一的政治体制中运作的。至于一度令学界兴奋的"明末的资本主义萌芽"一说,完全是出于对中国的历史无知,因为中国古典政治经济理论和中国历代王朝都主张社会各阶层之间的平衡,不愿意让私人资本操纵公众生活,这点与欧洲资本主义社会的情势完全不同。

对于一些学者提出的所谓明末"资本主义"证据,黄仁宇先生在其名著《万历十五年》自序中不无讥讽地写道:"明代张瀚所著的《松窗梦语》中,记载了他的家庭以机杼起家。中外治明史的学者,对这段文字多加引用,以说明当时工商业的进步及资本主义的萌芽。其实细阅全

---

① [英]约翰·霍布森:《西方文明的东方起源》,孙建党译,山东画报出版社,2009年,第12~13页。

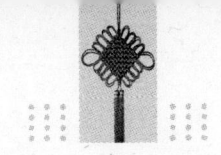

文,即知张瀚所叙其祖先夜梦神人授银一锭,因以购机织布云云,乃在于宣扬因果报应及富贵由命的思想。姑不论神人授银的荒诞不经,即以一锭银而论,也不足以购买织机,所以此说显然不能作为信史。同时代的书法家王世懋,在《二酉委谈》中提到江西景德镇烧造瓷器,火光烛天,因而称之为'四时雷电镇'。当代好几位学者据此而认为此即工业超时代发展的征象。实则王世懋的本意,是在于从堪舆家的眼光出发,不满当地居民穿凿地脉,以致没有人登科中举;而后来时局不靖,停窑三月,即立竿见影,有一名秀才乡试中试。"①

20世纪以后,中国马克思主义的传入几乎是与西学的引入同步的,大量鄙名和伪名的引入自然也是不可避免的。但我们不能因为学术以外的原因讳疾忌医,那样将不利于马克思主义理论的时代创新。

《刘子·审名第十六》云:"是以古人必慎传名,近审其词,远取诸理,不使名害于实,实隐于名。故名无所容其伪,实无所蔽其真,此之谓正名也。"今天,我们有必要为中国本土学术正名,也有必要为包括马克思主义在内的传入中国的西学正名。孔子云:"名不正则言不顺,言不顺则事不成!"(《论语·子路篇第十三》)在这方面,我们没有选择,因为正确的名是正确理论以及正确实践的基础!

---

① 黄仁宇:《万历十五年》,中华书局,2006年9月,自序第3页。

总论篇

中国古典学术相对于西方现代学术，具有精深、动态、统一的特点。从形式到内容，它都是统一的。从内容上讲，中国的知识系统分为两个互相贯通的层次。一是由道至名而至于法，分别由具有代表性的三个学派组成，即道家、名家、法家，其集大成是兴盛于战国至西汉的黄老之学；二是儒家最高"密法"，性命与天道之学，它由孔子所传，子思氏之儒发扬光大，但孟子之后已经鲜为人知。性命与天道之学是由理至性而至于命，也就是《易经·说卦传》所言的"穷理尽性以至于命"。

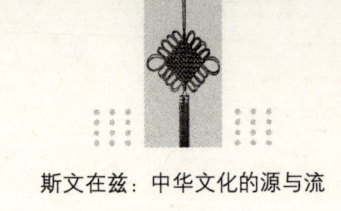

斯文在兹：中华文化的源与流

第一章 中国古典学术体系不是落后而是先进

19世纪末以来，随着科举制的消亡和西方教育体制的确立，中国古典学术失去了其生存的制度土壤，然后粗暴地被贴上"封建落后"、"故纸堆"和"旧文化"之类的标签，长期乏人问津——迄于今日，中国文化不绝如缕——国故荒芜，令人痛心。

今天能广泛见诸世间者，不过京剧（脸谱）、毛笔字、中国画、太极武术等等，在世人看来，它们只是与黑非洲原始部族艺术不同的一种艺术形态而已，最多是一种高度精细的传统艺术。

事实上，艺术只是中国文化的一个方面，整个中国古典学术体系是比现代西方学术体系更为复杂的一种学术体系。它涵盖从哲学到政治经济学到科学的各个领域，它不是太简单，而是太复杂，因此才不为世人所知——从整体上说，中国古典学术相对于西方现代学术，具有精深、动态、统一的特点。

说它精深，是因为中国古典学术在思维方式上重意象而轻抽象。

说它动态，是因为中国古典学术在现实层面上重事变而轻言理。

说它统一，是因为中国古典学术在学术体系上重统一而轻支离。

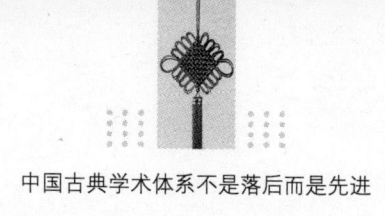

中国古典学术体系不是落后而是先进

一、重意象而轻抽象

不同领域的学者在研究中国文化时发现，中国人习惯于从整体上、动态地理解和描述现实世界，尚象、深于取象是这种意象思维的显著特点。西方的重抽象思维与此不同，它是将现实研究对象的某一属性或某一方面抽取出来，舍弃其他，并以概念和公理的形式表现和推演。

谈到抽象思维与意象思维的区别，中国社会科学院哲学研究所的刘长林教授精辟地指出："抽象方法是要根据认识的需要，在思维中对复杂多变的现象进行割断和抽取，而舍弃其他。意象方法则保持对象事物的原本整体性，在事物自然地显现出来的完整的现象中，寻找事物的本质和规律。这样的本质和规律直接与'象'即现实中的过程状态相应，具有'象'的特征，属于事物自然整体层面，也就是现象层面。这里要特别指出，所谓自然整体层面，包括认识主体与认识客体之间自然地形成的各种各样的联通和关系。"①

因此，刘长林先生将意象思维概括为："在彻底开放而不破坏事物所呈现象之自然整体性的前提下，对事物进行概括，探索事物整体规律的思维，即为意象思维。"②

当然，意象思维和抽象思维也不是截然对立的。中国人思维传统中

---

① 刘长林：《中国象科学观：易、道与兵、医（修订版）》上，社会科学文献出版社，2008年，第56页。
② 刘长林：《中国象科学观：易、道与兵、医（修订版）》上，社会科学文献出版社，2008年，第56页。

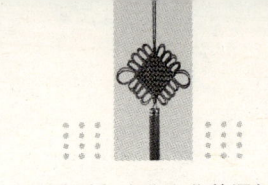

也包括抽象思维，比如汉字尚象，重象形，但其笔画却是高度抽象的，不是对现象的直接描绘。西方人重抽象思维也不是没有意象思维，特别是20世纪系统科学的兴起，使西方科学开始关注事物动态的整体，且他们有意识地认识到东方存在这种思想资源。

从大历史的角度看，西方重抽象思维与现代科学技术的伟大成就是分不开的。正是对事物本质的探询以及实验方法刺激了现代科学的兴起。不过我们不能因此之故忽视这种思维方式存在的内在缺点，刘长林先生将其归纳为以下六点，包括：

1. 抽象思维的基本思路是将复杂的事物归结为简单的事物，整体归结为部分，性态归结为实体，以分解、隔离、提取为认识的基本手段和构建知识系统的基础。因此，沿着这样的认识方向，难以把握事物原本的复杂性、丰富性和整体性。

2. 事物在自然的非人为控制的运变过程中，会受到难以计数、难以预测的众多因素的影响，具有不确定性和多种可能性。而抽象思维所获得的本质和规律，只能将诸多不确定性排除才能发现它们，这些本质和规律也只能在某种特定的限制条件下才能直接完整地显示作用，比如实验室。

3. 抽象思维总是于个别中获得一般，所以只能把握事物的类别性，不能把握事物的特异性。

4. 抽象思维以主体和客体的尖锐对立为基础，而宇宙的无限性要求必须将主体包容在内，个别对象的完全整体性也应涵盖对象与主体的关系，而抽象思维无法克服这一矛盾，它必须假设一个纯粹客观世界的存在。

5. 坚持主体与客体相对立的思维模式，在对事物定格、切割、分解、提取和重新组合时，必然造成事物本始状态的破坏，这是现代生态

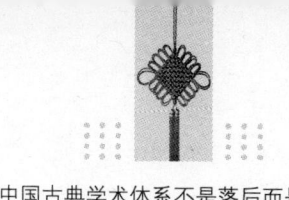

破坏的深层次根源。

6. 以空间为主、坚持主客对立的抽象思维，以及与其紧密联系的控制性实验科学，会在无形中强加给人类一种为满足自己需要，征服控制对象事物的意识，15 世纪以来世界战争频发，都与这种思维方式有一定的联系。①

从刘长林先生的论述中我们不难发现，西方抽象思维只有在研究对象可以被还原为简单事物时才有效，当人类面临越来越复杂的自然和社会环境时，西方抽象思维以及建立在抽象思维基础上的西方学术范式的局限性立刻就会突显出来（也会产生诸多负面效应）。首先体现在西方人文领域所谓的"专家失效现象"，然后是西方科学面对地震等自然灾害以及医学众多问题时表现的无能为力。

而中国学者在地震预报和中医等领域取得的杰出成就告诉我们，建立在意象思维基础上的中国古典学术在理解现实方面不是模糊，而是更为精深。因为意象思维在本质（比如震源和病源）难以发现、控制的情况下，能够通过研究诸现象之间的关系对世界进行分析和干预。这有点像中国画，如果距离（本质）太近，画的整体意境反而无法领会了。

另外，我们从中国人表达思想的工具——汉字身上也能明显看出意象思维能更深入、准确地理解和表征现实世界的特点。

同中医一样，汉字也是建立在意象思维的基础上的，在我们的先贤看来，汉字象形的特点比记音的拼音文字更有利于表达思想，即尽意。因为汉字本身常常就是一幅抽象的画，它显然比表音的西方文字更能准

---

① 参阅刘长林：《中国象科学观：易、道与兵、医（修订版）》上，社会科学文献出版社，2008 年，第 53~55 页。

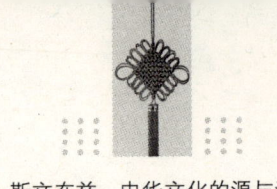

确、简洁、稳定地表达人类思想。比如我们对从来没有见过马的美洲印第安人介绍马，即使说很多话，也不如画一个马的像给他，这样他就会对什么是马有更为深刻的理解——而中国字就是用具体形象对现实世界所作的编码系统。

南宋大儒朱熹说："言之所传者浅，象之所示者深。"（朱熹《周易本义·卷三》）西方拼音文字示言，所以表意浅显，中国象形文字示象，所以表意深刻！

在人类文明传承过程中，汉字（以及汉字写成的文言文）可能比四大发明具有更为深远的历史意义。受西方语言学的影响，现代许多学人唯西方马首是瞻，几乎将汉字等同于原始图画文字了，明明它比西方拼音文字能更深刻地表达人类思想，也是人类仅存的高度发展的象形文字，我们哪能不百倍呵护呢？！

从表达思想的工具文字到科学范式，中国人重意象轻抽象的思维特点一以贯之，它能更精深地理解和表达现实世界。在此意义上，中国古典学术不仅不落后，而且更为先进。

二、重事变而轻言理

清代著名学者费密（1623～1699年）重实学，反对明末空疏学风，对宋明理学亦多有批判。他在《先王传道述》中极论空言高论之害，他说："自宋以来，天下之大患，在于实事与议论两不相侔，故虚文盛而真用薄。儒生好议论，然草野诵读，未尝身历政事，执固言理，不达事变，滞古充类，责人所难。"

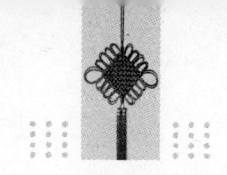

中国古典学术体系不是落后而是先进

费密对宋明学风的"执固言理,不达事变"的批评,用于分析东西方学术特点再恰当不过了。西学重言理而轻事变,中国重事变而轻言理,这也是长期以来中国学人反对记问之学、口耳之学、注重实践——行的重要原因。

西方学术体系重言理而轻事变与其倾向抽象思维有关。因为抽象思维在对现象进行概括时,趋向于用静态的本质取代动态的整体,在完成概念定义和公设之后,进行缺乏质变的逻辑推理。这样的学术范式特别容易造成"经院化",使学术成为一种理论上自恰而毫无用处的知识体系,成为知识分子在象牙塔中的玩物——典型的就是现代西方经济学。

而中国学术不是这样,它重事变而轻言理。其概念定义在象形文字、名词创始阶段就基本上已经完成,所以《说苑·修文》说:"圣人作名号而事义可知也。"《论衡·奇怪篇》也说:"苍颉作书,与事相连。"而《说文解字》这类词典有对名词系统化的详尽解释。

正因为中国学术重事变,力求达于事变,所以它涉及的问题没有"标准答案",在传授上也没有工业批量生产式的大学教育。中国先哲崇尚根据不同的环境、不同的对象,为现实问题寻找解决方案。

古籍中孔子答"问仁"、"问政"时,其答案极其不同,这曾引起孔子著名弟子子贡的困惑。如果放在现代大学里,因为缺乏标准答案,恐怕孔子连教职都谋不上了,但这正是中国学术具有数千年生命力的根本所在。

《说苑·政理》记载说,有一次,子贡问孔子:"叶公向夫子您请教治理国家的方法,您说:'治理国家在于使附近的人亲近你,使远方的归顺你。'鲁哀公向您请教治理国家的方法,您说:'治理国家在选择大臣。'齐景公向您请教治理国家的方法,您说:'治理国家在于节省支

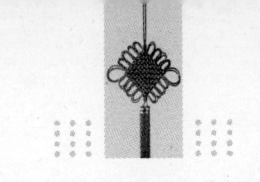

斯文在兹：中华文化的源与流

出。'三个国君向夫子您都是问治理国家的方法,您的回答却各不相同,既然这样,那么治理国家可以用各种不同的方法吗?"孔子回答说:"荆这个地方土地辽阔,城市狭小,人民缺乏凝聚力,所以说治理国家在于使附近的人亲近,使远方的人归顺。哀公有三个大臣,他们对内结成党羽来迷惑君王,对外拒绝诸侯宾客,蔽塞君王耳目,所以说治理国家在于选择大臣。齐景公花巨资建筑楼台亭榭,在苑圃里放纵行猎,感官享受夜以继日不停息。顷刻之间就把三个百乘之家赏赐给人,所以说治理国家在于节省开支。这三种都是治理国家的方法,《诗经》上不是说了吗?'乱离给人民带来痛苦,什么地方才是他们归宿。'这是哀伤民众离散造成祸乱。'他们没有尽到职责,造成了君王的过失。'这是哀伤奸臣蒙蔽君王造成祸乱。'社会混乱、国库空虚,没有东西抚恤百姓。'这是哀伤铺张浪费不节约造成祸乱。仔细考察以上三种情况的需要,治理国家的方法怎能相同呢?"（原文:子贡曰:"叶公问政于夫子,夫子曰:'政在附近来远',鲁哀公问政于夫子,夫子曰:'政在于谕臣'。齐景公问政于夫子,夫子曰:'政在于节用'。三君问政于夫子,夫子应之不同,然则政有异乎?"孔子曰:"夫荆之地广而都狭,民有离志焉,故曰在于附近而来远。哀公有臣三人,内比周以惑其君,外障诸侯宾客以蔽其明,故曰政在谕臣。齐景公奢于台榭,淫于苑囿,五官之乐不解,一旦而赐人百乘之家者三,故曰政在于节用,此三者政也,诗不云乎?'乱离斯瘼,爰其适归',此伤离散以为乱者也,'匪其止共,惟王之邛',此伤奸臣蔽主以为乱者也,'相乱蔑资,曾莫惠我师',此伤奢侈不节以为乱者也,察此三者之所欲,政其同乎哉!"）

在中国学术体系中,不仅面对现实问题没有"标准"答案,即使被奉为"圣经",指导中国人实践千载的文化原典五经,先贤也反对一成不

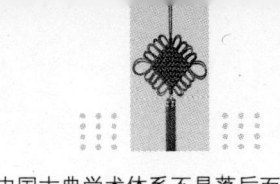

中国古典学术体系不是落后而是先进

变的解释——有时甚至字面意思相反,但放在具体环境中却又完全合乎情理。

《说苑·奉使》开篇即指出,《春秋》上的辞句,意思相反的有四处:既说大夫不能专权做事,不能擅自生发事端;又说出国后,凡是可以稳定社会有利于国家的事,都可以专权处理。既说大夫奉君王命令出使,如何处理事务由大夫掌握;又说奉君王命令出使,听到国内有丧事要慢慢走而不能折返。这是为什么?应该说,这四句话各自限定在它们的范围内,不能互相混淆。不能擅自生发事端,是指一般情况下的原则;允许专权,是指在解救危难、免除祸患的事情上。如何处理事务由大夫掌握,是指在将帅领军作战时;慢慢前行不能折返,是指在出使的路上听到国君父母亡故的消息时。公子子结擅自生事,《春秋》不责备他,认为他解救了庄公的危难。公子遂擅自生事,《春秋》责备他,因为僖公没遇到危险的事情。所以君王遇到危难而不自主去解救,是没有尽忠;君王没有危难而擅自生事,是没有恪守做臣子的本分。所以古书上说:"《诗经》没有一成不变的解释,《易经》没有一律吉祥的卦爻,《春秋》没有固定通用的义理。"说的就是这种情况啊。(原文:春秋之辞,有相反者四,既曰大夫无遂事,不得擅生事矣。又曰:出境可以安社稷,利国家者则专之可也。既曰:大夫以君命出,进退在大夫矣。又曰以君命出,闻丧徐行而不反者,何也?曰:此义者各止其科,不转移也。不得擅生事者,谓平生常经也;专之可也者,谓救危除患也;进退在大夫者,谓将帅用兵也;徐行而不反者,谓出使道闻君亲之丧也。公子子结擅生事,春秋不非,以为救庄公危也。公子遂擅生事,春秋讥之,以为僖公无危事也。故君有危而不专救,是不忠也。若无危而擅生事,是不臣也。传曰:"诗无通诂,易无通吉,春秋无通义。"此之

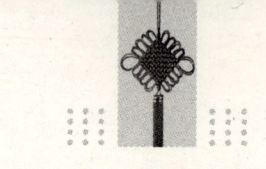

谓也。)

反映在现实操作层面,中国人重实践而轻学理,强调知与行的统一。《说苑·反质》记载的一则故事形象地说明了这个道理:子贡问子石:"你难道不学《诗经》吗?"子石说:"我哪里有空呢?父母要求我孝顺,兄弟要求我友爱,朋友要我讲信义,我哪里有空呢?"子贡说:"我要丢掉我的《诗经》,跟你学习了。"(原文:子贡问子石:"子不学诗乎?"子石曰:"吾暇乎哉?父母求吾孝,兄弟求吾悌,朋友求吾信。吾暇乎哉?"子贡曰:"请投吾《诗》,以学于子。")

古人为学先重修行。故孔子云:"弟子入则孝,出则弟,谨而信,泛爱众,而亲仁。行有余力,则以学文。"(《论语·学而篇》)

中国古典学术体系是动态的,与事俯仰,与时进退,重时与机,位与势。微妙如此,伟大如此。孔子感叹:"可与共学,未可与适道;可与适道,未可与立;可与立,未可与权。"(《论语·子罕篇第九》;刘向《说苑·权谋》引为:"可与适道,未可与权也。"),这段话大意是说:"可以一起学习的人,未必都能学道;能够学道的人,未必能够坚守道;能够坚守道的人,未必能够随机应变。"

如果将西方重静态言理的学术体系比作一张传统的交通图,那么中国重事变的古典学术体系就如同现代的 GPS 导航系统,它能够根据一个人(车)所在的位置动态地指引前进方向——作如是观,二者哪个先进、哪个落后,当一目了然。

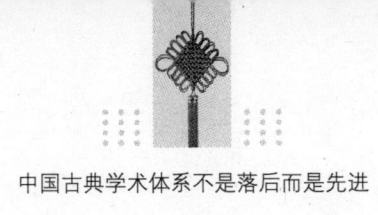

三、重统一而轻支离

中国古典学术体系第三个显著特点是重统一而轻支离,会通百家,通儒是中国知识分子孜孜以求的目标。钱穆先生写道:"故中国学术乃亦尚通不尚专。既贵学之能专,尤贵其人之能通。故学问所尚,在能完成人人之德性,而不尚为学术分门类,使人人获得其部分之智识。"[1]

在中国传统学术语境中,"支离"本身就是贬义词,至清代依然是这样。梁启超先生论太平天国运动后思想学术趋向时,第一条为宋学复兴,他论汉学,仍用"支离破碎"一语。他说:"乾、嘉以来,汉学家门户之见极深,'宋学'二字,几为大雅所不道,而汉学家支离破碎,实渐已惹起人心厌倦。罗罗山泽南、曾涤生国藩在道、咸之交,独以宋学相砥砺,其后卒以书生犯大难成功名。他们共事的人,多属平时讲学的门生或朋友。自此以后,学人轻蔑宋学的观念一变。"[2]

又,南宋陆九渊讥朱子诗亦云:"简易工夫终久大,支离事业竟沉浮。"这里的"简易工夫"指从本心下手,修道进德,而"支离事业"即章句训诂之类文字功夫。

但在西方学术界,受工业分工不断细化的影响,其学术早已完全碎片化,有些西方大学的专业名称令人费解,其学科之间概念体系和理论体系几乎完全相互独立。而中国学术不是这样,尽管先秦有诸子百家,

---

[1] 钱穆:《中国学术通义·序》,九州出版社,2011年。
[2] 梁启超:《近三百年学术史》,东方出版社,2003年,第27~28页。

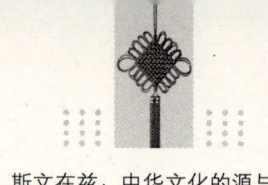

但诸子在形式上共享概念体系,在内容上皆重大道。

以中医为例。在中医原典《黄帝内经》中,作者从各个方面谈医学,其中亦包括政治经济学内容。笔者曾作《〈黄帝内经〉中的中国古典政治经济原则》一文加以阐发。①

刘力红教授也指出,《黄帝内经·素问》是从不同的学术角度来谈医学的。在其一版再版的《思考中医》中他写道:"《素问》里面有很多的医学模式,有生物的医学模式,有宇宙的医学模式,有心理的医学模式,也有社会的医学模式。这个'灵兰秘典论'就是从社会的角度来谈医学。从这个角度上述的这个南方、这个心有什么意义呢?论曰:'心者君主之官,神明出焉。'君主之官是一个什么概念呢?我想大家都很清楚,如果就一个国家言,在美国就是总统,在中国就是主席。一个主席,一个总统,他对国家的关键性、决定性作用,这个不用多说。所以,《素问·灵兰秘典论》在谈完十二官的各自作用后总结说:'凡此十二官者,不得相失也。故主明则下安,以此养生则寿,殁世不殆,以为天下则大昌。主不明则十二官危,使道闭塞而不通,形乃大伤,以此养生则殃,以为天下者,其宗大危,戒之戒之!'主明则下安,君主之官明,则整个身体,整个十二官就会安定,用这样的方法来养生,你就会获得长寿。所以,你要想把身体搞好,要想长命,就是要想方设法使这个主明。历史的经验更是这样,我们回顾几千年的历史,哪一朝哪一代遇上明君,天下就安定,老百姓就得利。如果遇到昏君当道,那就惨

---

① 翟玉忠:《中国拯救世界:应对人类危机的中国文化》,中央编译出版社,2010年,第160~162页。

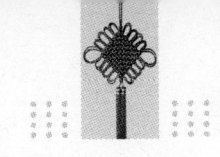

中国古典学术体系不是落后而是先进

了，那自然天下大乱，百姓受苦。"①

进而言之，在中国学术体系中，医学的概念体系与政治学的概念体系完全可以互换、互通。因为心，即君主重要，中医才有"上治性，下治病"之说。而这里的"性"，又涉及百家皆言的大道——百家殊途而同归，正是归本于此。《周易·系辞下》云："天下同归而殊途，一致而百虑。"

在战国时代，中国学术似乎就有了现代西方学术式的支离碎片化趋向，并引起了时人的警觉。《文子·精诚篇》说："著于竹帛，镂于金石，可传于人者，其粗也。三皇五帝三王，殊事而同心，异路而同归。末世之学者，不知道之所体一，德之所总要，取成事之迹，跪坐而言之，故博学多闻，而不免于乱。"这段话大意是说，书写在竹帛上、雕刻在金石上的东西，可流传于人的，都是其大概，也即有为之功。三皇五帝三王，每个帝王生活的历史时代不同，遭遇到的事情不同，但他们治国理民的思路却是先后一致的，治国理民的手段不同，但目的、结果却是相同的，殊途而同归。末世的学者们，不知道体现道的精髓是"一"，以及德的总要，取前人所遗留下来的完整做法和主张，端坐论道，虽然博学而多闻，由于是有为而治，所以不免陷于混乱。

《庄子·天下篇》感叹："是故内圣外王之道，暗而不明，郁而不发，天下之人各为其所欲焉以自为方。悲夫！百家往而不反，必不合矣！后世之学者，不幸不见天地之纯，古人之大体，道术将为天下裂。"（大意是说：所以内圣外王的道理，幽暗不明，抑郁不发，天下的人各

---

① 刘力红：《思考中医：对自然与生命的时间解读》，广西师范大学出版社，2006年（第3版），第167页。

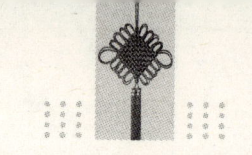

斯文在兹：中华文化的源与流

自以自己想法为学术。可悲啊！百家皆各尽迷途而不知返，也就不能合于大道了！后世的学者，不幸不能看到天地的纯真，不能看到古圣人的全貌，道术将要为天下所割裂。）

值得庆幸的是，西汉中国学术又重新集成于黄老之学。尽管后来儒家逐步取得独尊地位，但依托五经这类统一的西周王官学，中国学术并没有碎片化。从西汉司马迁到近人钱穆，两千年来会通诸学为中国学人普遍推重。

中国学术达于事变，统于大道，这是人类文明史上其他学术所不可比拟的。数百年来，从数学到科学，西方学界对学科体系的内部统一也曾作长期努力，但显然还需要相当长的路要走——哥德尔定理甚至从理论上否定了西方数学统一的可能性。

西方贤哲孜孜以求的学术理想，中国通过完全不同的学术路径早已实现。今天的中国学人普遍认为中国古典学术体系落后，西方现代学术体系先进，岂不怪哉！？

综上所述，中国古典学术体系不是落后而是先进——明矣！

第二章　中国有通天人之际的大学问

中国有通天人之际的大学问。

之所以这样说，是因为中国文化内核是一个高度复杂、高度集成、一以贯之的知识体系。从内圣到外王，圆融无碍，这是世界文明史上极为罕见的。

概括起来，中国的知识系统分为两个互相关联层次。一是由道至名而至于法，分别由具有代表性的三个学派组成，即道家、名家、法家。这是由内圣向外王、由天道向人道的路线，这一路线的集大成是兴盛于战国至西汉的黄老之学；二是儒家最高"密法"，性命与天道之学（古人讲"学达性天"），它由孔子所传，子思氏之儒发扬光大，但孟子之后已经鲜为人知。性命与天道之学是由理至性而至于命，也就是《易经·说卦传》所言的"穷理尽性以至于命"。这里的理，既是性理，也是事理；这里的性，乃心性；这里的命，指天命，天道，所谓"命自天降"。其路线是由人道达及天道。

前一个知识体系整体上是由天道至人道，后一个知识体系整体上是由人道至天道，二者相互贯通，就构成了能通"天人之际"的大学问。

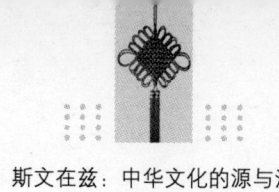

斯文在兹：中华文化的源与流

一、道、名、法三者的本质及其间的辩证关系

《老子》道经开篇的几句话精妙地表达了道、名、法之间的关系。其中说："道可道也，非恒道也。名可名也，非恒名也。"这是1973年才在长沙马王堆西汉墓出土的《老子》（甲本）的写法，后世为避汉文帝讳，将两个"恒"字改为"常"。今本《老子》全句作："道可道，非常道。名可名，非常名。"这个改法很不好，因为先秦文献中"恒"字具有特殊的意义，在道论类作品中，是表达终极性的概念。比如上博简《恒先》中"恒先"就指道；马王堆帛本《易经》"太极"写作"大恒"。

"道可道也，非恒道也。名可名也，非恒名也"，这里的第一个"道"字是名词，意为无形相、不可言说的天道、大道。第二个"道"是动词，意为言说。"名可名"也是这样，第一个"名"是名词，第二个"名"是动词，通"命"，有命名的意思。北京大学所藏汉简《老子》就直接写作"命"，上面说："名可命，非恒名也。"

那么"道可道也，非恒道也。名可名也，非恒名也"全句是什么意思呢？后世学者人人臆说，莫衷一是。要理解它的真义，我们还是要看先秦时人是如何理解这句话的。

《淮南子·道应》有一段齐桓公与轮扁的对话，其中作者以"道可道，非常道。名可名，非常名"作为总结。故事说："桓公读书于堂，轮人斫轮于堂下，释其椎凿而问桓公曰：'君之所读书者，何书也？'桓公曰：'圣人之书。'轮扁曰：'其人焉在？'桓公曰：'已死矣。'轮扁

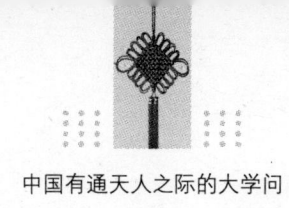

中国有通天人之际的大学问

曰：'是直圣人之糟粕耳！'桓公悖然作色而怒曰：'寡人读书，工人焉得而讥之哉！有说则可，无说则死。'轮扁曰：'然，有说。臣试以臣之斫轮语之：大疾，则苦而不入；大徐，则甘而不固。不甘不苦，应于手，厌于心，而可以至妙者，臣不能以教臣之子，而臣之子亦不能得之于臣。是以行年六十，老而为轮。今圣人之所言者，亦以怀其实，穷而死，独其糟粕在耳！'故老子曰：'道可道，非常道。名可名，非常名。'"（文意：齐桓公正在堂上读书，一位做车轮的工匠在堂下砍削车轮，他放下手中的椎子和凿子，问齐桓公："君王您正在读的是什么书？"桓公说："是圣人的书。"这位叫轮扁的工匠又问："这位圣人还活着？"桓公回答说："已经死了。"轮扁马上说："那您读的只能是圣人的糟粕了。"桓公听了，一下变了脸色，怒道："我读圣贤书，你这工匠凭什么讥笑我？你说出理由来也就罢了，如说不出理由来，就处死你。"轮扁不慌不忙地说："好的，试拿我做车轮的体会来说说其中的道理：如果榫头大，榫眼开小了，就会涩滞安不进去；如果榫眼开大了，榫头做小了，太松滑动不牢。不松不紧，得心应手，达到神妙境界的技术，我无法传授给我的儿子，而我的儿子也无法从我这里学到这技术；所以尽管年逾古稀，年老无力，我还得亲自做车轮。由此可见，圣人的话中如果有高深神妙的精华，由于不能言传，所以也必定会随着圣人死去而带走，而只有那些可以言传的糟粕留下来。"所以《老子》说"道可道，非常道。名可名，非常名"。）

《庄子》也引用了上则故事，其意是在说明，大道是超越形与色，名与声的，不可言传，不可书记，甚至也超越人的意识心。作者由是发出了世人沉沦名相的感慨。《庄子·天道》开篇先讲了这个道理，对于我们理解"道可道也，非恒道也。名可名也，非恒名也"的实义很有帮

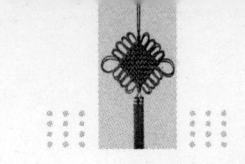

助。其中说:"世之所贵道者书也,书不过语,语有贵也。语之所贵者,意也,意有所随。意之所随者,不可以言传也,而世因贵言传书。世虽贵之,我犹不足贵也,为其贵非其贵也。故视而可见者,形与色也;听而可闻者,名与声也。悲夫,世人以形色名声为足以得彼之情。夫形色名声果不足以得彼之情,则知者不言,言者不知,而世岂识之哉!桓公读书于堂上,轮扁斲(音"zhuó",意为砍削——笔者注)轮于堂下,释椎凿而上,问桓公曰:'敢问,公之所读者何言邪?'公曰:'圣人之言也。'曰:'圣人在乎?'公曰:'已死矣。'曰:'然则君之所读者,古人之糟魄(通"粕"——笔者注)已夫!'桓公曰:'寡人读书,轮人安得议乎!有说则可,无说则死。'轮扁曰:'臣也以臣之事观之。斲轮,徐则甘而不固,疾则苦而不入。不徐不疾,得之于手而应于心,口不能言,有数存焉于其间。臣不能以喻臣之子,臣之子亦不能受之于臣,是以行年七十而老斲轮。古之人与其不可传也死矣,然则君之所读者,古人之糟魄已夫!'"

正因为大道不可言说,所以先贤重不言之言。《淮南子·氾论》中说:"百川异源而皆归于海,百家殊业而皆务于治。王道缺而《诗》作,周室废、礼义坏而《春秋》作。《诗》、《春秋》,学之美者也,皆衰世之造也,儒者循之以教导于世,岂若三代之盛哉!以《诗》、《春秋》为古之道而贵之,又有未作《诗》、《春秋》之时。夫道其缺也,不若道其全也。诵先王之《诗》、《书》,不若闻得其言;闻得其言,不若得其所以言。得其所以言者,言弗能言也。故道可道者,非常道也。"《管子·心术上》也说:"故必知不言之言,无为之事,然后知道之纪。"

上面引文中,《庄子》和《淮南子》作者主要讲的是无名之道,所以《淮南子·氾论》直接说"故道可道者,非常道也",并未提及"名

可名,非常名"。那么"有名"之名与无名之道是什么关系呢?事实上《老子》道经在"道可道也,非恒道也。名可名也,非恒名也"后面马上展开了论述:"无名,万物之始也。有名,万物之母也。故恒无欲也,以观其妙;恒有欲也,以观其所徼(徼,求;整句的意思是说人有欲,即有人我之境,要看他所求的东西——笔者注)①。两者同出,异名同谓。"

就是说,名与道皆出于道,但名是描述有形相世界的概念。道可以引申为做事的基本法则、原则,名用以指称事物。事物总是在变化的,而道本身却是不变的。《文子·上义》引老子言解释说:"治国有常而利民为本,政教有道而令行为古(当为"右"之误,从俞樾说——笔者注),苟利于民,不必法古,苟周于事,不必循俗。故圣人法与时变,礼与俗化,衣服器械,各便其用,法度制令,各因其宜,故变古未可非,而循俗未足多也。诵先王之书不若闻其言,闻其言,不若得其所以言,得其所以言者,言不能言也,故'道可道,非常道也,名可名,非常名也。'故圣人所由曰道,所为曰事。道,犹金石也,一调不可更;事,犹琴瑟也,每终改调。故法制礼乐者,治之具也,非所以为治也,故曲士不可与论至道者,讯寤于俗(指浸染习俗——笔者注)而束于教。"(文意:治国有准则而以利民为根本,刑赏和教化如果以道为准则政令就会得到尊重,如果有利于民众,那就不必效法古人,如果有利于事情的圆满,那也不必顺从于民俗。所以圣人制定法令随时代的变化而变化,礼仪也随着时代的变化而变化,服饰器具,各以方便使用为原则,法律制度命令,因地因时而不同,所以改变古法不必遭到非议,而

---

① 李零:《人往低处走:〈老子〉天下第一》,三联书店,2008年,第26页。

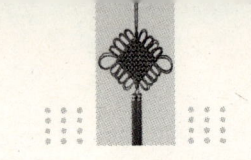

顺从民俗也不必过多赞誉。读先王之书，不如听其言，听其言，不如获得其所言说的根本之道，懂得了其所言说的根本之道，也即言不能言的永恒之道，所以说："道可道，非常道也，名可名，非常名。"因此圣人做事所依据的称作道，对其作为称作事，道就像金石所做的钟磬之类的乐器一样，音律一旦调好就再也不能更改了，而事则像琴瑟一样，弹奏完一曲后，再弹下一曲时就要改调，事必随时势的变化而变化。法制和礼乐这类东西，是治国的工具，而不是治国的根本方法，所以不可与寡闻陋见之士讨论至道，这是因为他们为习惯所拘，为政教所缚。）

　　不难看出，这里的道指的是事务、法制礼乐产生的原则，而名则指称事，法制礼乐。《文子·上礼》对"名可名，非常名"和"道可道，非常道"分别作了解释，由此我们可以更清楚地看到二者的本义。上面还是引老子言："古者被发而无卷领，以王天下，其德生而不杀，与而不夺，天下非其服，同怀其德。当此之时，阴阳和平，万物蕃息，飞鸟之巢可俯而探也，走兽可系而从也。及其衰也，鸟兽虫蛇皆为民害，故铸铁煅刀以御其难，故民迫其难则求其便，因其患则操其备，各以其智去其所害，就其所利，常故不可循，器械不可因，故先王之法度，有变易者也，故曰：名可名，非常名也；五帝异道而德覆天下，三王殊事而名后世，因时而变者也。譬犹师旷之调五音也，所推移上下无常，尺寸以度，而靡不中者，故通于乐之情者能作音，有本主于中。而知规矩钩绳之所用者能治人，故先王之制，不宜即废之，末世之事善即著之。故圣人之制礼乐者，而不制于礼乐，制物者，不制于物，制法者，不制于法，故曰：道可道，非常道也。"（文意：古代的人散发，随便用什么东西盖在头上束住就可以了，并把衣领翻在外边，能够称王天下的原因，在于圣人德好生而不好杀，给予而不掠夺，天下不是靠征服而获得的，

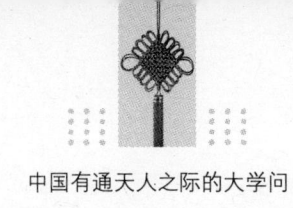

因为他有德所以人民才共同归附他。那时，阴阳和平，万物繁殖增长，飞鸟之巢，可以低头去掏取，走兽可以牵着跟人走，人无害物之心，物无畏人之虑，可谓是圣德之世了。到了衰落之时，鸟兽虫蛇，皆为民害，所以人们熔炼铁锤制刀器，用来抵御鸟兽虫蛇的祸害，故人民迫于其祸害而各寻求其适当之法，为防备灾难所以各操其刀器以防身，每个人都利用其智慧，以除去所遇到的灾害，趋利避害成为每个人的追求，固定的成例不必遵循，器械工具不必一成不变，所以先王的法度，有所变化是必然的，因此说："名可名，非常名。"五帝统治天下的方法不一样，但都以其德治理天下，三王处事不同名声却都传之后世，原因就是他们都能根据时代的变化而变化。就好像师旷调五音一样，推移上下十分熟练，虽然没有固定之法可循，但却无不符合，所以精通于音乐之性的人能定音律，其心中自有根本，而知道法度准则用途的人能够统治别人。所以先王的制度，不适宜的东西就废除它，末世的事情，好的就发扬它——圣人创制礼乐，而不为礼乐所制约；制作万物的，不为万物所制约，制定法律的，不为法律所制约。所以说："道可道，非常道。"）

行文至此，我们基本清楚了"道可道也，非恒道也。名可名也，非恒名也"的本意：道本身不可言说，只能心感。"道"作为名，能够言说，但言说出来的却不是终极的大道（恒道，也引申为事理）；名，作为事物、制度的名号是可以言说的，但事物总是不断变化的，所以它也不是一成不变的名（恒名）。

道代表不可言说的本体，名指称可言说的事物，法是事物的外在形态、表现。法变（实变），名亦变，而大道不变，因为大道是超越名相的。其本不可言说，只是强名之为"道"罢了——若我们真正掌握了道、名、法三者的本质及其间的辩证关系，也就掌握了中国文化内圣外

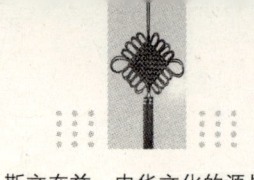

王的精髓所在——不拘于法，谨慎于名，孜孜向道，近得之矣。

"道可道也，非恒道也。名可名也，非恒名也"，其言简，其义大矣！

二、穷理、尽性、至于命，修养做功夫的三个步骤

除了由道至名至法，由天道至于人道，中国文化中还有一个由人道至于天道的知识体系，这就是内圣之学。一言以蔽之，就是《易经·说卦传》所说的"穷理尽性以至于命"。

南怀瑾先生曾经形象地将之比作孔子修养做功夫的三个步骤，并与佛法相参证，很有启发性。他在《宗镜录略讲》中写道："人要修道了生死，先要'穷理'，等于禅宗的参话头，也等于佛教所言，要把一切经教道理通达透了。'尽性'，然后才会了解到宇宙与人生的本来是什么。明心见性以后，才知道'命'，生命的奥秘道理在什么地方。所以，'穷理尽性以至于命'，可以说是孔子提出修养做功夫的三个步骤，先'穷理'，后'尽性'再生命'以至于命'，才懂得命。"①

要深入理解"穷理尽性以至于命"，首先我们要搞清楚什么是命？据《孔子家语·本命解》，鲁哀公曾经向孔子请教："人之命与性何谓也？"孔子回答说："分于道谓之命，形于一谓之性。化于阴阳，象形而发谓之生，化穷数尽谓之死。故命者，性之始也；死者，生之终也。有始则必有终矣。"

命源自天道，属于天道，所以《性自命出》也说："命自天降。"

---

① 南怀瑾：《宗镜录略讲》（上），民族知识出版社，2000年，第412~413页。

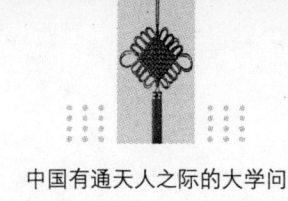

这个命从大宇宙的角度说是天道,从人生的角度说,就是命运。唐代孔颖达《周易正义·乾传卷一》疏云:"命者人所禀受,若贵贱夭寿之属是也。"文中的"夭寿"涉及生死的问题。在孔子看来,生死是自然的过程,这种认识本质上与道家没有太多区别。《庄子·知北游》就讲:"人之生,气之聚也。聚则为生,散则为死。"气聚气散,如浮云之动,白云苍狗,本来无常!

所谓"至于命",就是要证得天道,和同大道。据《庄子·大宗师》和郭店楚简《五行》篇,这种境界是极高的,以至达到"舍体"、"外生",超越死生的"独"的境界。南怀瑾先生以孔子的一生为例解释说:"我们看孔子一生,'十五岁而志于学',知道这个学问,'三十而立',三十岁才确定向这个学问上努力修养;'四十而不惑',从三十岁到四十岁这十年当中,还有怀疑,到了四十岁确定不怀疑;'五十而知天命',他才知道命,'六十而耳顺',善恶是非一切无分别,一切皆是顺缘,到了'七十随心所欲不逾矩'。我们勉强拿这一段来作注解。那么,由明心见性而达到真正了解这个命的学问,太不容易。"①

那么"至于命"的前提条件是什么,就是"尽性"。性即人的本性,《易经·系辞传》有:"一阴一阳之谓道,继之者善也,成之者性也。"《性自命出》上说:"性自命出,命自天降。"董仲舒亦云:"……命者天之令也,性者生之质也,情者人之欲也。"(《汉书·董仲舒传》)

在我们的先贤看来,性源于命,亦源于天道。所以说人的本性是清静的——"尽性",就是"究尽生灵所禀之性"(《周易正义》孔颖达疏),回归人类的清静本性。

---

① 南怀瑾:《宗镜录略讲》(上),民族知识出版社,2000年,第413页。

人性本静，这个观念为儒道所共有。《礼记·乐记第十九》论人性与外物的关系时指出，是外物的影响使人产生了各种欲求和好恶分别，如果不加以节制，就会使人成为外在事物的奴隶，进而失去其内在清静自然本性。其中说："人生而静，天之性也；感于物而动，性之欲也。物至知（通"智"——笔者注）知，然后好恶形焉。好恶无节于内，知诱于外，不能反躬，天理灭矣。夫物之感人无穷，而人之好恶无节，则是物至而人化物也。人化物也者，灭天理而穷人欲者也。"（文意：人的性本是清静的，这是人的天性。受到外物的影响而产生各种冲动，这是由人性产生的欲求。外物的各种影响使人产生了不同的感觉，喜好和厌恶的情绪就反映出来了。人们对好的事物总是不会主动拒绝，外界的美好事物持续存在，不断诱惑人，如是人们不能反省自己，就会沉溺其中，难以自拔，这样就会丧失人的天性。外物对人的影响诱惑是种类繁多无穷无尽的，如果没有节制，那么在外物的影响下，人就会被外物所诱惑而深陷其中，成为外在事物的俘虏，从而失去其自然本性。）

黄老经典《淮南子·原道训》中的一段话与上文有异曲同工之妙。文章说："人生而静，天之性也；感而后动，性之害也；物至而神应，知之动也；知与物接，而好憎生焉。好憎成形而智诱于外，不能反己，而天理灭矣。故达于道者，不以人易天，外与物化，而内不失其情。"

另外，汉代纬书中也继承了人性本静的思想，并提出了性为本、情为末，性主静、情主动的观点。《孝经纬·援神契》云："性者，人之质，人所禀受产。情者，阴之数，内传著流，通于五藏。故性为本，情为末。性主安静，恬然守常。情则主动，触境而变。"（《五行大义·论情性第十八》引）

表面上看来，郭店楚简《性自命出》没有谈到人性本静，但其核心

观点与《礼记·乐记第十九》和《孝经纬·援神契》没有任何本质的区别。《性自命出》的作者以金石乐器为喻，用来说明外境动性、性主静的观点，文中说："凡性为主，物取之也。金石之有声，弗扣不鸣，人之虽有性，心弗取不出。"又说："凡动性者，物也。"

《性自命出》不明言人性本静，避免学人执着于静，或许也可以说是其论说的精妙之处。如佛家云："心不自心，因物故心；物不自物，因心故物。"

那么如何做到"尽性"呢？就是要治心，所以《性自命出》的作者明确指出："凡道，心术为主。"这与其同时出土的《五行》篇观点是一致的，《五行》开篇就讲诸德当形于内，内生于心，最为重要，文中说："仁形于内，谓之德之行。不形于内，谓之行。义形于内，谓之德之行。不形于内，谓之行。礼形于内，谓之德之行。不形于内，谓之行。智形于内，谓之德之行。不形于内，谓之行。圣形于内，谓之德之行。不形于内，谓之行。"这里的内，就是心的意思。《礼记·礼器》有："无节于内者。"唐代孔颖达疏云："内，犹心也。"

借用《尚书·多方》中的话说就是"克念作圣"。在心念起处下功夫，是修行的不二法门。只有在念头起处克制私欲，才有更大力量——当然事后真心忏悔亦好。

在中国先贤的观念中，身心本是相互影响的。心（性）影响身，身也会影响心（性），所以《性自命出》指出，我们在日常行为中应严格遵守礼义之道，让行为举止来端正自己的内心，防止"心以体废"，就是所谓的"君子身以为主心"。

总之，我们要在身与心、内圣与外王两方面"尽性"，最后达到合于大道、"至于命"的生命境界——在那里，智慧、安乐、德行三位一

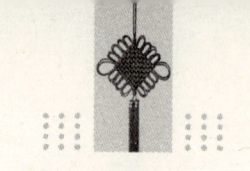

体。《五行》篇云:"君子亡中心之忧则亡中心之智,亡中心之智则亡中心之悦,亡中心之悦则不安,不安则不乐,不乐则亡德;君子无中心之忧则无中心之圣,无中心之圣则无中心之悦,无中心之悦则不安,不安则不乐,不乐则无德。"

"尽性"是大学问,所以要先"穷理"。唐代孔颖达疏云:"《易》道周备,无理不尽。圣人用之,上以和协顺成圣人之道德,下以治理断人伦之正义,又能穷极万物深妙之理。"这里的"理",不仅指物理之理,也指人生的终极真理。与《性自命出》同时出土的《郭店楚简·语丛一》中说:"知天所为,知人所为,然后知道。知道然后知命。"

可以这样说,穷理、尽性、至于命是通过内圣的修习达及清静大道,而道、名、法是以清静大道为基础,以名连接形上形下,成就外王的事功,最后目标是整个社会达到清静无为的太平之世——由己及人,兼善天下,修齐治平,不是后世儒家混乱、苍白的口号,而是实实在在的大学问,大事功。吾辈敢不敬之,慎之!

内圣而外王,是通天人之际的大道,是中国文化不同于西方文化的显著特点。因为西方学术基本上是以外在事物为研究对象,则中国学术不仅重"外王",更重"内圣",认为后者才是滴水穿石术的根本。《管子·心术上》云:"其所知,彼也;其所以名,此也。不修于此,焉能知彼?"彼即外物,此即内心——学人若能于此大本处落脚,孜孜以求,当无愧于此生矣。

孔子云:"朝闻道,夕死可矣。"真正了悟生死(命)的本来,人生的本分,修身以俟之,死而后已。才能视死如归,生死一贯,"夕死可矣"!

有志君子,勉哉!

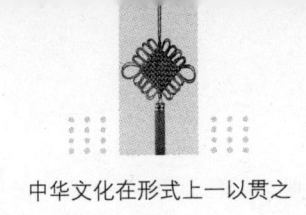

第三章　中华文化在形式上一以贯之

内容上，中国文化"道（家）、名（家）、法（家）"一以贯之；形式上，透过名学和汉语我们亦可以看到中国文化在意象思维主导下，比类取象，"字、句、章、篇"一以贯之的特点。

在研究名学的过程中笔者发现：一个文明的逻辑学与其语言学是高度相关的，二者作为思维工具又与这个文明的思维方式直接相通。对于中国古典逻辑名学的研究，可能会极大地帮助我们摆脱"印欧语的眼光"，建立符合汉语特点的中国语言学理论。

在谈到印欧语系中逻辑学与语言学的关系时，我国著名语言学家徐通锵教授（1931~2006年）指出，印欧语的语法理论奠基于亚里士多德的逻辑范畴说，其核心作用是就实体（substance）和偶有性（accidents）的关系展开论证，语法的"主语—谓语"的结构框架和名、动词与句子结构成分的对应关系就是以此为基础建立起来的。徐教授进一步论述道："这种逻辑理论（指亚里士多德的逻辑范畴说——笔者注）将现实分为十个范畴：实体、性质、数量、关系、地点、状态、情景、动作、被动、时间，其中实体（substance）是本质，其他九个范畴是偶有的属性（accidents），是用来表述实体的。例如'李宁是运动员'这样一个命题，'运动员'是偶有的属性，因为李宁小时候并不是运动员，而退役以后又成为企业家,是可变的,而'李宁'不管是运动员还是企业家,始终是'李宁',是不变的。实体在命题中的主要特征是主体(subject),从逻辑判断的结构来说,主体就是主词(subject),别的范畴都是表述这个主词的,因而是它的宾词(predicate)。这就是说,九个偶有性范畴都是表述实体的,而实体不表述别的范畴;或者说,偶有性范畴都存在于主体之中,任何性质、数量、关系等都只能是主体的性质、数量、关系,等等。这是亚里士多德的逻辑范畴说的基本思路,他的语法理论就是以此为基础展开的:能充当主词的词是体词(substantive word),或者叫做名词;能充当宾词的词就是谓词(predicative word),或者叫做动词;句子的结构与逻辑判断(命题)相对应,因而处于主词位置上的词语就是句子的主语(subject),处于宾词位置上的词语就是句子的谓语(predicate)。主词和主语,宾词和谓语,在汉语中是两个不同的词语,而在印欧系语言中原是同一个词,即主词和主语都是 subject,宾词和谓语都是 predicate……传统的语法理论、词类的划分以及词类与句子结构成分的对应关系大体上就是根据这样的理论建立起来的,句法结构和逻辑思维形式的关系非常密切。"①

反观中国古典逻辑学名学与汉语,我们也能发现二者间类似的对应关系,但它们最深层的关系还是体现在思维方式上。

---

① 徐通锵:《汉语结构的基本原理:字本位和语言研究》,中国海洋大学出版社,2005年,第24~25页。

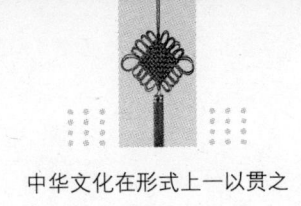

中华文化在形式上一以贯之

一、名学与汉字同样基于意象思维

在思维方式上,名学和汉语都注重意象思维(也称象思维)。中国社会科学院哲学研究所的刘长林教授这样比较西方主导性的抽象思想与中国主导性的意象思维:"它(指意象思维——笔者注)不对现象做定格、分割和抽取,而是要尽量保持现象的整体性、丰富性和流动性。它不是要到现象的背后去寻找稳定性和规律,而是要在现象本身之中找到稳定性和规律。它也对事物进行概括,发现事物的普遍性,但始终不离开现象层面。概括的结果,仍以'象'的形式出现。"①

中国人这种意象思维特点甚至影响到了中国本土的科学范式。同样是圆,中国古代科学中是以"天上一周"之象作标准的,度数符合一回归年的天数,约三百六十五又四分之一度(天),是具象的,而不是抽象的三百六十度的圆。台湾"中央研究院"近代史研究所研究员王尔敏教授明确指出:"西方数学上的圆包括圆周割角,俱是单纯概念,而中国的圆是实际的用天上一周作为标准。大家都忘记两者并不相同,西洋把圆画分为三百六十度,中国的圆是三百六十五又四分之一度,按天空上一年日照周期作准,这是出于纪元前二世纪《淮南子》的记载。近二十年又有考古发现实物证据,在纪元前二世纪汝阴侯夏侯灶的墓中有一个天盘,其圆周刻度是三百六十五格。人人知道西洋的直角是九十度,

---

① 刘长林:《中国象科学观:易、道与兵、医(修订版)》上,社会科学文献出版社,2008年,第274页。

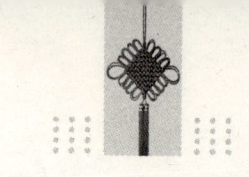

而中国的直角是九十一又十六分之五度,中国的计算,是把天空一周日行躔度是有角度定出来的,不是空想概念。"①

反映到中国古典逻辑学上,名学与西方逻辑学抽象思维为主导不同,它重意象思维,重时变,用白马、坚白石这类具体形象展开论述。比如在亚里士多德的逻辑范畴说中,实体具有不变的特点,上文抽象的"李宁"就是"李宁"。而中国名学不是这样,它不脱离具体的象谈抽象的李宁,而是直接强调昨天的李宁不是今天的李宁。《墨子·经说下》有:"尧善治,自今在诸古也。自古在之今,则尧不能治也。"这句话的意思是说:如果说"尧善治",是指尧所处的那个时代,这个命题是对的;如果说的是现在,那么这个命题就可能要用反命题"尧不能治"来取代。

同名学一样,作为一种现实的编码系统,汉语的书面形式汉字亦是以意象思维为基础的,具体表现为"依类象形"。东汉许慎在《说文解字·序》总结道:"仓颉之初作书,盖依类象形,故谓之文。其后形声相益,即谓之字。文者,物象之本也;字者,言孳乳而浸多也。"

甚至极其抽象的概念,我们的先人也试图"立象以尽意"。比如"死"字,甲骨文写作:〸或〹,金文写作:〺。罗振玉在《增订殷墟书契考释》中解释说:"此(〸)从〻,像人跽形。生人拜于朽骨之旁,死之谊昭然也。"以活人向死人叩拜、表达哀思的象示死之意,充分体现了中国人意象思维的特点。

名学与汉字同样基于意象思维,看来思维方式贯穿一个民族文化的方方面面——其流源可上溯到文明的草创阶段。

---

① 王尔敏:《先民的智慧:中国古代天人合一的经验》自序,广西师范大学出版社,2008年。

二、从名学的角度审视汉语语法单位分级

其次，在语法单位的分级上，名学与汉语二者也是相通的。即名学理论体系名、辞、说、辩四事与语言学的字、句、章、篇相对应，这和印欧语语法理论"词对应于概念，句子对应于逻辑命题"相类。古书文本基本上也是以章为单位构成，以篇为单位流传。

《墨子·小取篇》篇说："以名举实，以辞抒意，以说出故。"当代名学大家伍非百先生在《大小取章句》解释说："名、辞、说、辩四者层累而上。'名'也者，所以举实也。'辞'也者，兼两名而抒一意也。'说'也者，兼两辞而明其故也。'辩'也者，兼两说而判其是非也。名，辞，说、辩为古代名学之四级，本文仅举名、辞、说，而不及辩者，因辩为第四级，包名，辞、说在内。本文主旨在明辩，其全篇内容皆叙述'辩'之要义，故不赘举也。"[①]

《荀子·正名第二十二》篇亦曾明确提及名、辞、说、辩四事，他说："名也者，所以期累实也。辞也者，兼异实之名以论一意也。辨说也者，不异实名以喻动静之道也。"

语言学中"字、句、章、篇"的语法单位分级，刘勰《文心雕龙·章句第三十四》述之其详，其中说："夫人之立言，因字而生句，积句而成章，积章而成篇。篇之彪炳，章无疵也；章之明靡，句无玷也；句之清英，字不妄也；振本而末从，知一而万毕矣。夫裁文匠笔，篇有大

---

① 伍非百：《中国古名家言》，四川大学出版社，2009 年，第 455 页。

小，离章合句，调有缓急，随变适会，莫见定准。句司数字，待相接以为用。章总一义，须意穷而成体。"（文意：人们的写作，用字造句，积累句子成为章，积累章成为一篇。全篇写的昭明卓著，也是由于每章都没有瑕疵；每章都写得明白而细致，是因为每个句子都没有毛病；句子写的清新挺拔，也是由于每个字词都不乱用。这就像振摇树木的根本枝叶就会随之摆动一样，懂得事物的根本原则，各种各样的事例都可以概括进去了。创作韵文和散文，作品的篇幅有大有小，作品的章句或者分离或者合一，它们的声调有缓有急，这些都要随文章的内容变化而加以调配，没有一定的规矩。一个句子不管有多少个字词，要把字词相互连接才能发挥作用。作品的一章总括一个完整的意思，必须把一个意思表达完整了才能成为一个段落。）

汉语以字为本，故古人重炼字，一字必千锤百炼。唐代诗人卢延让《苦吟》诗慨叹："吟安一个字，捻断数茎须。"

《文心雕龙·指瑕第四十一》亦谓："若夫立文之道，惟字与义。字以训（训诂解释——笔者注）正，义以理宣。"以字为基础，重语义而轻语法，这恐怕是最早的"字本位"理论了！

在语法单位分级学界几乎人人异说的今天，从名学的角度审视语法单位，显然具有重要的意义——中国古典逻辑学能否成为汉语语法单位分级的基础呢？

三、比类取象——类与象的关系是汉语结构的基础

另外，名学是就名与实的关系展开论述的，这直接影响到了汉语的

"话题—说明"结构框架,甚至影响到了中国学术范式本身。中国学术范式是以《九章算术》为基础,以问题(话题)为中心,再对话题作具体说明。

在名学中,"名"不能简单的对应于西方的概念,它有时也指一个陈述,名实常常以经/说的形式展开论述,比如《墨经》中有"异类不吡,说在量。"其中的"异类不吡"就是经,是主题;"说在量"是说,是说明。其说的具体内容即是《墨子·经说下》的"异。木与夜孰长?智与粟孰多?爵、亲、行、贾,四者孰贵?麋与霍孰霍?虮与瑟孰瑟?"整个论题的大意是说,不同物类是不能比较的。由于量故——木和夜不比长短;智和粟不比多少;爵位和亲属、品行和物价,不比贵贱;麋和鹤不可比色;埙和瑟不可比声。

事实上,名家代表作《公孙龙子》中的"白马论"、"坚白论"、"通变论"等诸论题也是以经/说的形式展开,"经"先提出主旨,是话题,"说"再层层论说,是说明。《公孙龙子·通变论》中心论题就是开篇的"二无一",后面围绕此一中心,假物取譬,以"二无右"、"二无左"、"羊合牛非马"、"牛合羊非鸡"、"青以白非黄"、"白以青非碧"这类具体问题多方论证。

名学就名与实展开论述的方式极大地影响了中国人的学术范式,典型的就是论说诸体在中国文化中的兴盛。刘勰作《文心雕龙·论说第十八》专题申述之:"圣哲彝训曰经,述经叙理曰论。论者,伦也;伦理无爽,则圣意不坠。昔仲尼微言,门人追记,故抑其经目,称为《论语》。盖群论立名,始于兹矣。自《论语》已前,经无论字;六韬二论,后人追题乎?详观论体,条流多品:陈政则与议说合契,释经则与传注参体,辨史则与赞评齐行,诠文则与叙(同"序"——笔者注)引共

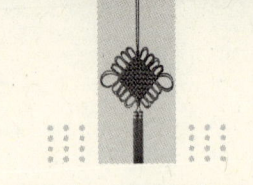

纪。故议者宜言，说者说语，传者转师，注者主解，赞者明意，评者平理，序者次事，引者胤辞：八名区分，一揆宗论。论也者，弥纶群言，而研精一理者也。"（文意：圣人先哲经久不变的训导叫做经书，阐述经的意义，叙说道理叫做论文。论，就是有条理的意思，道理讲的有条理而没有差错，那圣人经书的本意就不会丧失。从前孔子回答学生和当时人的提问时说了许多精妙的话，他死后学生把它们追记编辑起来，谦虚地不敢称经，而称它为《论语》。后来，各种论文称为论，就是从这里开始的。在《论语》以前，经书没有用论字作为书名、篇名的。相传姜太公的兵法书《六韬》中有《霸典文论》与《文师武论》二论，这两个论字可能是后人追题的吧。详细观察论文的体裁，分枝条流的品种很多：用来陈述政事的，就与议和说这两种文体一致；用来解释经书意义的，就与传和注的体例参考配合；用来辨析历史的，就与赞和评这两种文体意义一样；用来诠评文章的，就与序和引这两种文体的一致。所以，议，就是要讲得合宜得当；说，就是说话要动听能使人喜悦；传，就是转述老师的学说给后世；注，就是以解释经书的意义为主；赞，就是为了说明意义；评，就是要公平地评论道理；序，就是按次第顺序申说内容；引，就是引申的话。上面所讲的文体虽然有八种名称，但以论述道理为主却是一致的，都可归属于论。论，就是概括各家的话来研究一个道理的文章。）

名学中的经/说论述形式可以对应于汉语语法结构中的"话题—说明"，徐通锵先生的这一概念借用自美国人类学语言学先驱萨丕尔（Edward Sapir，1884～1939年），且汉语的这种语法结构与中国人的意象思维方式相关。具体地说，是比类取象思维在语言不同层次上的反映。语言学家、韶关学院中文系教授李树俨先生在介绍徐通锵的"字本位"理论时总结道："印欧语语法结构的特点是'形合'，即词与词之

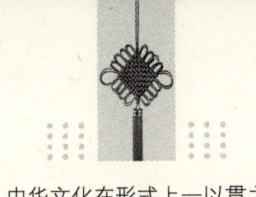

间的关系受'主语—谓语'结构框架的制约,有明确的形态变化的标记,句子的结构是封闭性的。这种语法也叫形态语法。汉语语法结构的特点是'意合',只要字义之间的组合有现实的依据,符合社会习惯的要求,就可以组合起来造句,句子的结构是开放性的。这种语法也叫语义语法。'意合'也要讲规则,这个规则就是已知的信息统率、驾驭未知的信息,表现形式是'前管后','上管下'。'因字而生句'的汉语开放性的句子结构当然不能用印欧语'主语—谓语'一致关系的封闭性框架来分析。根据汉民族'以类取象、援物比类'的两点论思维方式,字本位理论采取'话题—说明'的结构框架来分析句子。'类'与'象'的关系是汉语语义结构的基础。在字的层次,类表现为'形',象表现为'声';在字组(辞)的层次,类表现为核心字,象表现为跟它相配的那个字;在句读的层次,类表现为话题,象表现为说明。话题和说明之间没有形式上的一致关系。话题是说话人心目中有定的(有确切的所指)、强调的对象,只能在句首。如果在一定的语境中交际双方已知话题是什么,或者是社会的规约,话题就没有必要出现。话题与说明之间的关系是松散的……"①

"以类取象"是意象思维典型形式,体现到语言文字中,由字到辞(李树俨文中所说的"辞"不同于名学中的"辞")、到句、到篇章,这种类/象架构一以贯之——中华文化不仅在内容上道/名/法一以贯之,在形式上亦然。

——大矣哉,中华文化!

---

① 李树俨:《"字本位":汉语语言学理论的新突破》,载《韶关学院学报》(社会科学版)2003年4月号。

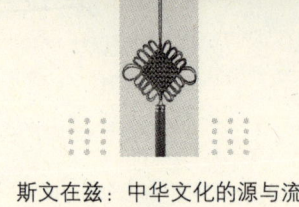

第四章　修习中国文化须原道、征圣、宗经

中国文化完全不同于西方知识体系，它因变所适，重权变，知行合一，是一种关于人类生存的大智慧。

在《论语·子罕篇第九》中，孔子将一个人的求知境界分成四个层次，即学、道、立、权。他说："可与共学，未可与适道；可与适道，未可与立；可与立，未可与权。"就是说，可以一起学习的人，未必都能学道；能够学道的人，未必能够坚守道；能够坚守道的人，未必能够随机应变。"

权是智慧的最高境界。《礼记·丧服四制》的作者直言："权者知（通"智"——笔者注）也。"

为什么权重要呢？因为现实世界是高度复杂的巨系统，事实并不完全是已知的，人总需要在已知和未知之间作出判断，所以权变是求知最高境界。《周易·系辞下》言《易》云："《易经》之为书也，不可远，为道也屡迁，变动不居，周流六虚，上下无常，刚柔相易，不可为典要，唯变所适。"

"唯变所适"，就是权，要求我们在学习过程中，注重实践，知行合一。

《说苑·反质》中的两则故事很能说明古人对待知识与行为的态度。

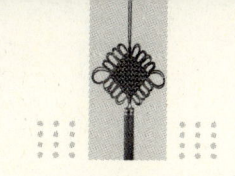

修习中国文化须原道、征圣、宗经

一则故事说：子贡曾经问子石："你难道不学《诗经》吗？"子石说："我哪里有空闲时间呢？父母要求我孝顺，兄弟要求我友爱，朋友要我讲信义，我哪里有空闲呢？"子贡说："我要丢掉我的《诗经》，跟你学习了。"（原文：子贡问子石："子不学诗乎？"子石曰："吾暇乎哉？父母求吾孝，兄弟求吾悌，朋友求吾信。吾暇乎哉？"子贡曰："请投吾《诗》，以学于子。"）

另一则故事说，公明宣到曾子门下求学三年，却不曾读书。曾子于是质问他："你当我的学生，三年不学习，为什么呢？"公明宣回答说："弟子哪里敢不学习呢？我见先生在房内，只要有长辈在场，从没有粗言俗语，甚至对牛马鸡狗都没有大声训斥过，我喜欢这一点，学习了但还没做到。我见先生接待宾客，恭敬节俭却不松懈怠慢，我喜欢这一点，学习了但还没有做到。我见先生在朝廷上，严格对待下级却不诋毁伤害他们，我喜欢这一点，学习了但还没做到。我喜欢这三点，向您学习了但还没做到，我怎敢做您的学生而不学习呢？"曾子离开坐席道歉说："我不如你，我只会读书而已！"（原文：公明宣学于曾子，三年不读书。曾子曰："宣，而居参之门，三年不学，何也？"公明宣曰："安敢不学？宣见夫子居宫庭，亲在，叱咤之声未尝至于犬马，宣说之，学而未能；宣见夫子之应宾客，恭俭而不懈惰，宣说之，学而未能；宣见夫子之居朝廷，严临下而不毁伤，宣说之，学而未能。宣说此三者学而未能，宣安敢不学而居夫子之门乎？"曾子避席谢之曰："参不及宣，其学而已。"）

从子贡和曾子的言行中，我们能看到中国文化的精魂，它不单纯是专业知识，更不是记问之学，而是一种实实在在的修习功夫。《老子》所谓"修之于身，其德乃真"。

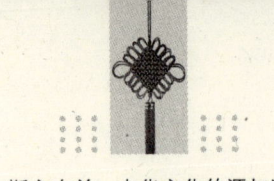

那么如何修习中国文化呢？我们可以借用刘勰（约公元465~520年）《文心雕龙》中前三个标题说明之，即原道、征圣、宗经。因为文以载道，而道不虚行只在人！

道、圣、经三者是相辅相成的关系，《文心雕龙·原道第一》中说："道沿圣以垂文，圣因文而明道。"王充在《论衡·难岁篇》中也说："文为经所载，道为圣所信。"

下面，我们就原道、征圣、宗经的本义，分述如下。

一、原道——本乎道

西方文化大致停留在第六识的层次上，而中国文化则超越名相，横绝是非，直入大道。《易》云："形而上者谓之道。"这里的道与西方的形而上学（metaphysics）完全不同，因为metaphysics意指超越外在表象，揭示内在真理。

明代憨山大师《费闲歌》云："讲道容易修道难。"今天学人习惯于将"道"解释为西方的真理，规律，这种解释说食不饱，是断人慧命！

在中国文化中，道是一种生命的大智慧，佛家称为般若，它是智慧、安乐、道德（还有能量）的统一体，非真修实证不能得。郭店楚简《五行》篇云："君子无中心之忧则无中心之智，无中心之智则无中心〔之悦，无中心之悦则不〕安，不安则不乐，不乐则无德。"①

---

① 《郭店楚墓竹简》，文物出版社，1998年，第149页。

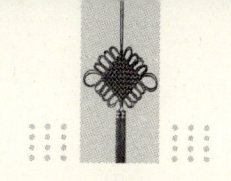

修习中国文化须原道、征圣、宗经

《文心雕龙·序志第五十》释原道为:"本乎道。"中华文化整体上以道为根本,是大道一以贯之的文化,此一特色在其他文化中没有如此明显。《文心雕龙·原道第一》把道与文化本身联系起来,并将之上溯到伏羲时代,文中说:"爰自风姓,暨于孔氏,玄圣创典,素王述训,莫不原道心以敷章,研神理而设教,取象乎河洛,问数乎蓍龟,观天文以极变,察人文以成化;然后能经纬区宇,弥纶彝宪,发辉事业,彪炳辞义。故知道沿圣以垂文,圣因文而明道,旁通而无滞,日用而不匮。易曰:'鼓天下之动者存乎辞。'辞之所以能鼓天下者,乃道之文也。"(文意:从伏羲到孔子,前者开创,后者发挥,没有不根据大道的精神来进行创作的,也没有不钻研精深的道理来立教的。他们效法《河图》、《洛书》,用蓍草和龟壳来占卜事物未来的变化,观察天文以穷究各种变化,学习过去的典籍来完成教化。然后才能治理天下,制订出恒久的根本大法,发挥光大圣人的事业,使文辞义理发挥最大的作用。由此得知,自然大道是依靠圣人而表现于文章著作里面,圣人也通过文章著作才得以阐明自然大道,到处都行得通而无所阻碍,天天可以运用也不会觉得匮乏。《周易·系辞上》里说:"能够鼓动天下的东西,主要在于文辞。"文辞之所以能够鼓动天下,就是因为它符合大道的缘故。)

道,世人日用而不知,这种大智慧是我们每时每刻都不能或缺的。人只有除却私欲,才能消除偏见,更加客观全面地看待事物,否则,必有"蔽于一曲"之患,离大道远矣!战国时,荀子专作《解蔽》篇以明此。

《荀子·解蔽第二十一》将人"蔽于一曲"分为十类,他说:"爱好会造成蒙蔽,憎恶也会造成蒙蔽;只看到开始会造成蒙蔽,只看到终了也会造成蒙蔽;只看到远处会造成蒙蔽,只看到近处也会造成蒙蔽;

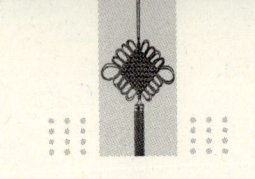

知识广博会造成蒙蔽,知识浅陋也会造成蒙蔽;只了解古代会造成蒙蔽,只知道现在也会造成蒙蔽。大凡事物有不同的对立面的,无不会交互造成蒙蔽,这是治心普遍的祸害啊。"(原文:欲为蔽,恶为蔽;始为蔽,终为蔽;远为蔽,近为蔽;博为蔽,浅为蔽;古为蔽,今为蔽。凡万物异,则莫不相为蔽,此心术之公患也。)

那么如何做到"无欲、无恶,无始、无终,无近、无远,无博、无浅,无古、无今"呢?简而言之,就是心要知道。如何知道呢?就是要修行,达到"虚壹而静"的大清明境界,再逐步深入。"人何以知道?曰:心。心何以知?曰:虚壹而静。心未尝不臧(通"藏"——笔者注)也,然而有所谓虚;心未尝不满(当为"两"字之误——笔者注)也,然而有所谓一;心未尝不动也,然而有所谓静。"(文意:人靠什么来了解道呢?回答说:靠心。心靠什么来了解道呢?回答说:靠虚心、专心和静心。心从来没有不储藏信息的时候,但却有所谓虚;心从来没有不彼此兼顾的时候,但却有所谓专;心从来没有不活动的时候,但却有所谓静。)

紧接着,荀子论述了心虚、壹、静的道理,此为入道之门,读者诸君于此不可一读而过:"人生而有知,知而有志,志也者,臧(通"藏",下同——笔者注)也;然而有所谓虚,不以所已臧害所将受谓之虚。心生而有知,知而有异,异也者,同时兼知之,同时兼知之,两也;然而有所谓一,不以夫一害此一谓之壹。心,卧则梦,偷则自行,使之则谋,故心未尝不动也;然而有所谓静,不以梦剧乱知谓之静。未得道而求道者,谓之虚壹而静,作之则,将须道者,之虚则入;将事道者,之壹则尽;将思道者,静则察。知道察,知道行,体道者也。虚壹而静,谓之大清明。"(文意:人生下来就有智能,有了智能就有记忆;记忆,也就是储藏信息;但是有所谓虚,不让已经储藏在心中的见识去

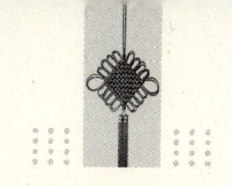

修习中国文化须原道、征圣、宗经

妨害将要接受的知识就叫做虚心。心生来就有智能,有了智能就能区别不同的事物,区别不同的事物,就是同时了解了它们,同时了解它们,也就是彼此兼顾;但是有所谓专,不让那一种事物来妨害对这一种事物的认识就叫做专心。心,睡着了就做梦,懈怠的时候就会擅自驰骋想象,使用它的时候就会思考谋划,所以心从来没有不活动的时候;但是有所谓静,不让梦幻和烦杂的胡思乱想扰乱智慧就叫做静心。对于还没有掌握道而追求道的人,要告诉他们虚心、专心和静心的道理,以作为他们的行动准则。想要求得道的人,达到了虚心的地步就能够得到道;想要奉行道的人,达到了专心的地步就能够穷尽道的全部;想要探索道的人,达到了静心的地步就能够明察道。了解道十分明察,知道了道能实行,这就是实践道的人。达到了虚心、专心与静心的境界,这叫做"大清明"。)

中国文化与西方文化的巨大区别就是:中国文化除了强调探索外在事物,还注重内在心性的修持,以大清明之素心行事。这里没有明显的主客之分——从行医到写作,都是这样。

唐代大医家孙思邈在其名篇《大医精诚》中论行医之道时说:"今以至精至微之事,求之于至粗至浅之思,岂不殆哉……凡大医治病,必当安神定志,无欲无求,先发大慈恻隐之心,誓愿普救含灵之苦。"

刘勰论文亦强调素心的重要,他在《文心雕龙·史传第十六》慨叹信史难得时说:"析理居正,唯素心乎!"在《文心雕龙·养气第四十二》中强调"圣贤之素心,会文(指写作——笔者注)之直理"。《文心雕龙·养气第四十二》篇末赞曰:"纷哉万象,劳矣千想。玄神宜宝,素气资养。水停以鉴,火静而朗。无扰文虑,郁此精爽。"(文意:纷繁复杂啊万事万物,劳累啊创作的千思百想。玄妙的精神应当珍惜,人的

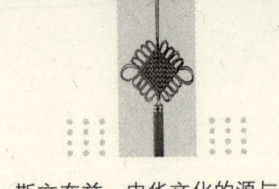

斯文在兹：中华文化的源与流

元气需要保养。水流停止不动可以更加的清明，火焰平静便更加的明亮。不要扰乱创作的思绪，应当保持文思茂盛精神清爽。）

心物不二，中国文化本乎道，这是符合宇宙实相的；如果我们跟随西方文化，亦步亦趋，只重外在世界，重外物轻内心，实际是"心外求法"，那不是一种进步，相对于"圣贤之道"那是一种倒退——这是当代学人必须深思的！

二、征圣——师乎圣

什么是圣人呢？《文心雕龙·征圣第二》开篇即说，所谓"圣"，就是能够认识自然大道而独立创作的人；所谓"明"，就是能够理解圣人的著作而阐述其学说的人。（原文：夫作者曰圣，述者曰明。）"征圣"，《文心雕龙·序志第五十》释为："师乎圣。"即师法圣人。

《文心雕龙·征圣第二》强调"征圣立言"，写文章要以圣人的思想为标准。刘勰在该篇结尾赞曰："妙极生知，睿哲惟宰。精理为文，秀气成采。鉴悬日月，辞富山海。百龄影徂，千载心在。"这段话大意是说：神妙之极啊！圣人，只有圣人懂得精妙的道理。精心顺从自然之理写作文章，灵秀的气质构成闪耀的文采。宝镜高悬好似日月之明，言辞丰富犹如山海。百岁圣人虽然如影逝去，千载之后精神依然存在。

进而言之，圣人是文明范式的开拓者，是一个民族千载生存经验的历史总结者。在一个可持续发展的文明中，圣人是文化的灯塔，是生活的榜样，是智慧的源泉。

《荀子·解蔽第二十一》指出，面对动态复杂的世界，知识是无法

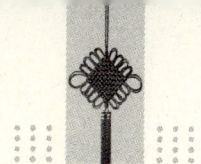

修习中国文化须原道、征圣、宗经

穷尽的,若不知权变,则与愚蠢的人相同,所以一个人必须知道学术的边界,求学必须知止,止于何处呢?就是圣人、王者之言行,并努力成为圣人君子,所谓"学者以圣王为师"。其中说:"凡以知,人之性也;可以知,物之理也。以可以知人之性,求可以知物之理,而无所疑(似当为"凝"——笔者注)止之,则没世穷年不能遍也。其所以贯理焉虽亿万,已不足以浃(通"挟",掌握,应对——笔者注)万物之变,与愚者若一。学,老身长子,而与愚者若一,犹不知错,夫是之谓妄人。故学也者,固学止之也。恶乎止之?曰:止诸至足。曷谓至足?曰:圣也。圣也者,尽伦者也;王也者,尽制者也;两尽者,足以为天下极矣。故学者以圣王为师,案以圣王之制为法,法其法以求其统类,以务象效其人。向是而务,士也;类是而几,君子也;知之,圣人也。"(文意:一般地说,能够认识事物,是人的本性;事物可以被认识,是事物的规律。凭借可以认识事物的人的本性,去探求可以被认识的事物的规律,如果对此没有一定的限制,那么过完了一辈子、享尽了天年也不能遍及可以认识的事物。人们学习贯通事理的方法即使有亿万条,但如果最终不能够用它们来通晓万事万物的变化,那就和蠢人相同了。像这样来学习,自己老了、子女长大了,仍和蠢人相同,却还不知道放弃这种无益的做法,这就叫做无知妄人。学习嘛,本来就要有个学习的范围。把自己的学习范围限制在哪里呢?回答说:把它限制在最圆满的境界。什么叫做最圆满的境界?回答说:就是通晓圣王之道。圣人,就是完全精通事理的人;王者,就是彻底精通制度的人。这两个方面都精通的人,就可以成为天下最高的师表了。所以学习,要把圣王当作老师,要把圣王的制度当作自己的法度,效法圣王的法度而探求他们的纲领,并努力效法他们的为人。向往这种圣王之道而努力追求的,就是士人;效法这种圣王之道而接

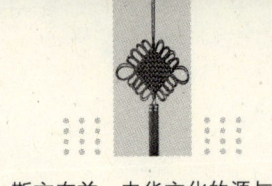

近它的,就是君子;通晓这种圣王之道的,就是圣人。)

《墨子》一书言及论断是非的三表法,其中第一条就是"有本之者",那么"本"什么呢?就是"上本之于古者圣王之事"(《墨子·非命上》)。

今人过于傲慢,科技方面稍有进步,就轻诬古人,甚至斥之为愚昧,何其愚蠢。笔者长期致力于中国古典政治经济方面的研究,开始亦未料到所谓现代政治经济学远未超过古圣贤的深度。"至少在人文领域,我们无法超越古圣贤",这绝非谦虚,实在是笔者的切身感受。

有此感受者恐非笔者一人。清代大学者、四库全书总纂官纪昀(1724~1805年,因嘉庆帝称其"敏而好学可为文,授之以政无不达",故卒后谥号"文达")几乎读尽了天下书,最后仍然感叹,古人已穷尽人类主要知识,后人所谓"创新"是自不量力,所以除了笔记之类,纪昀一生不著书。绍兴人葛虚存编于民国初年的《清代名人轶事·文艺类·纪文达生平不著书》云:"纪文达生平未曾著书,间为人作序记碑表之属,亦随即弃掷,未尝存稿。或以为言。公曰:'吾自校理秘书,纵观古今著述,知作者固已大备。后之人竭其心思才力,要不出古人之范围,其自谓过之者,皆不知量之甚者也。'"

多年以来,笔者亦曾见过许多自称在中国传统文化领域有"发明"者,他们多以中医和儒学为根本,但最后发现,这些"发明"大抵是在西方学术外套上披了中国文化马甲,常常沦为肤浅的文字游戏,比如将西方的三权分立改装成儒家宪政、将中医理论改装成经济学(管理学)之类。这些人不知道,中国政治、经济原典圣人在黄老书中(其中的轻重术专论经济)讲得已经十分完善了——黄老之学是最合于大道的政治经济学体系。

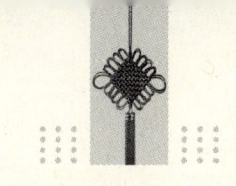

修习中国文化须原道、征圣、宗经

为学师乎圣,这是修习中国文化的根本法门。故憨山大师《费闲歌》云:"修行容易遇师难,不遇明师总是闲。"

圣贤,我们一生能遇几人,悲夫!但记载圣人言行的文章,犹可见也——这就要求我们宗经。《文心雕龙·征圣第二》所谓:"窥圣必宗于经。"

三、宗经——体乎经

宗经,就是《文心雕龙·序志第五十》所说的"体乎经",以经为根本,守经达权——圣贤、大道因之而不朽。

有变者就有不变者。什么是经呢?它是在一个民族的历史长河中标志性的元典,是构成一个民族灵魂的基本质料,从而具体超越时空的特征。《文心雕龙·宗经第三》开篇解释道:"三极彝训,其书言经。经也者,恒久之至道,不刊之鸿教也。故象天地,效鬼神,参物序,制人纪,洞性灵之奥区,极文章之骨髓者也。皇世《三坟》,帝代《五典》,重以《八索》,申以《九丘》,岁历绵暖,条流纷糅。自夫子删述,而大宝咸耀。于是《易》张《十翼》,《书》标七观,《诗》列四始,《礼》正五经,《春秋》五例,义既埏(音 shān,用水和土,引申为陶冶、培育——笔者注)乎性情,辞亦匠于文理,故能开学养正,昭明有融。然而道心惟微,圣谟卓绝,墙宇重峻,而吐纳自深。譬万钧之洪钟,无铮铮之细响矣。"这段话的大意是说,讲述天、地、人三才常理的书籍叫"经"。所谓"经",就是永恒的、最高的道理,不可改易的伟大教导。圣人创制经典,取法于天地,证验于鬼神,探究事物排列的

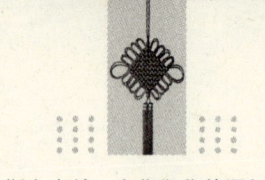

秩序，从而制定出人伦纲纪。这样的经典，可以说是深入到了人类灵魂的深处，探究掌握了文章的根本。三皇时出现的《三坟》，五帝时出现的《五典》，加上《八索》、《九丘》这些经典，因为时代绵延久远，流传越来越不清楚，后来的著作也纷糅杂乱。自从经过孔夫子对古书的删削整理，这些经典才放射出光辉。于是《周易》的意义由《十翼》来发挥，《尚书》中标立了"七观"，《诗经》中列出了"四始"，《礼记》确定了五种主要的礼仪，《春秋》提出了五项条例。所有这些，在内容上既能陶冶人的性情，在文辞上也可称为写作的典范。因此，它能启发学习、培养正道，这些作用永远清清楚楚。然而大道十分微妙，圣人的见解十分高深，他们的道德学问高超，因此他们的著作就能体现出深刻的大道。这就好比千万斤重的大钟，不会发出细微的响声一样。

经有两个重要作用，即上文所说的"义既埏乎性情，辞亦匠于文理"，进而言之，从内容到形式，经典构筑了一个文明的品格。在内容上，经典是一个文明世界观念的基础；在形式上，所有重视经典、有背诵经典传统的文明都能持续性地延展自己的文化，按经典风格写作使文章具有超越时空的性质。比如中华文化经典几乎皆是由文言文写作的，所以两千多年前的古书放在我们面前，懂得文言的人亦能轻易看懂——这是由于历代文人皆宗经、匠于文理之故。

近代藏书家、训诂学家吴曾祺先生（1852～1929年）在其名著《涵芬楼文谈》中，首篇亦题为"宗经"，其主张仍不离经"义既埏乎性情，辞亦匠于文理"。他写道："学文之道，首先宗经。未有经学不明，而能擅文章之胜者。夫文之能事，务在积理，而理之精者，莫经为最。盖出自圣人所删定，其微言大义，自远出诸子百家之上。吾人生平持论，常得此为据依，自无偏驳不纯之弊。至其文词之美，如钟鼎彝

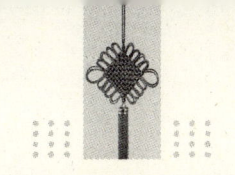

修习中国文化须原道、征圣、宗经

器,古色烂然,任后人极力摹儗,亦终不可及。"①

"经也者,恒久之至道","圣因文而明道"。今人弃中国传统文化经典如敝履,其恶果表现在"辞"、"义"两个方面,就是流传不会遥远的白话文得逞于一时,国人价值观念的极度混乱,在 21 世纪的今天,这已经发展到难以收拾的地步。何以故,经典为圣人明道之书,废经典,大道即废矣,文化之根绝矣。

近代佛教大德印光大师(1861～1940 年)曾指示学人《四书》勿只作书读,当作道学,更不可废。他写道:"《四书》一部,乃《五经》之注脚。凡格致、诚正、修齐、治平之道,无不备足。惜昔人皆作书读,不作道学。故致终身读书,不知所为何事。在先只知做文章作根据,今则废之而读教科书,譬如弃摩尼宝珠而重鱼目,以故天灾人祸,日见频仍,以道本已丧,立见乱亡故也。"(《印光文钞三编卷三·复唯佛居士书》)

吾友余云辉博士亦尝对吾言:"'形而上之上'谓之'道'。读经并非只为求知,而是求道之法门。"——此真金玉良言!

教科书(教材)不是经,光读教科书,国人怎能安身立命?是我们反思中国现代教育制度根本缺失的时候了!

大道在经——佛家之经、道家之经、佛家之经,乃至基督教之《圣经》、伊斯兰教之《可兰经》,皆不可废!经外求学,如心外求法,必南辕北辙,敢不慎乎!

一句话,原道、征圣、宗经,乃修习中国文化必经之途,舍此无其他道路可言——学人切记!

---

① 吴曾祺:《涵芬楼文谈》,金城出版社,2011 年,第 1 页。

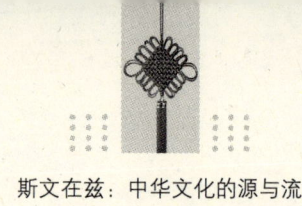

斯文在兹：中华文化的源与流

附录一　蓝田书院，斯文在焉*

感谢主持人给我讲演的机会。

站在这里，我想表达这几天作客杉洋古镇的感受。对于一位从事历史文化研究的学者来说，这种感受是极其特殊的。

首先，我感到一种"活的历史"。"仓廪实而知礼节"，随着我们国家经济实力的增强，文化事业在全国范围内得到了普遍的重视，各地都在接续传统，复活历史。但在这里，我看到了一种不需要接续的文化，一种从古老的时代一路走来的鲜活历史。

那上溯到唐宋的宗祠，告诉我你们的先辈筚路蓝缕、披荆斩棘的艰辛。宗祠内介绍的历代先贤，登科入仕，出入将相，告诉我你们祖先的梦想与光荣。

那始建于明清、设计合理的老屋，依然挺立，依然有人居住。正堂中的先祖画像，照片，让我感到一种超越人命本身的永恒存在。那不仅是一种慎终追远的情怀，更是一种文明绵绵不绝的文化基因。

这里，在我们站立的地方，南宋大儒朱熹曾在这里讲学。斯人不

---

* 这是 2013 年 1 月 9 日笔者在福建省古田县杉洋蓝田书院落成仪式上的即席讲话。蓝田书院是南宋大儒朱熹讲学之处，杉洋乃圣贤过化之乡，千百年来斯文不坠。本文收入李扬强老师编著的《蓝田古今韵》之中。

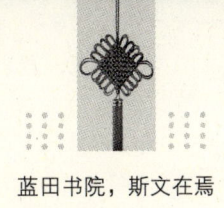

蓝田书院，斯文在焉

在，斯文在焉！

刚才参观蓝田书院时，看到乡贤李扬强老师的《重建蓝田书院记》，其所作文言文博雅通畅，深刻感到自己的无知。为什么这样说呢？就是受过现代教育的我写不出这样的东西，所谓的博士、教授一般都不再能写作文言，甚至也不能读懂文言——文言是先贤典章之所在，具有超越时空的传播力量，这是"我手写我口"的白话所无法比及的。中华文化斯文不坠，必赖文言——在这里，我看到了活生生的文言文！

当我踏着粗糙的石板路，听着潺潺的溪水，第一眼看到蓝田书院的书院的时候，我仿佛置身于梦境之中。在油油的绿色之中，在蓝天白云之下，一座灰白相间的古建筑，是那样的精致、古朴、典雅。对于看惯了高楼大厦的我们，立刻会产生一种跨越时空的感觉——建筑可以如此沉静，生活可以如此宁静——那是一种怎样不朽的生命力啊！

刚才，余云辉博士告诉我，正堂中的孔子像是杉洋一位农民画家创作的。此时此刻，我想向这位画家表达我最崇高的敬意。因为这是我看到的最具生命力的孔子像，看到这幅孔子像，让我们感到孔子就在我们身边。他是一位学者，一位老师，一位长者——只有具有丰富生活经验的人才能画出这样具有亲和力的孔子像，谢谢这位画家！

最后，我想谈一谈自己去各地书院参学的一点感想，供大家参考。

目前在全国各地，各种各样的书院层出不穷。我觉得有一种趋势最为要不得，就是书院的空壳化。从深层次讲，这与目前主流学界（包括香港、台湾及西方汉学界）研究中国学术的方式有关，即以西学解析中学，其结果名为研究中国文化，实际为以中国文化为研究对象的西学。这种被普遍认可的学术既不是中国文化，在西学中亦属异类，多是一些没有现实土壤的概念架构，穷诸玄辩，大而无用。这样的学问，当然就

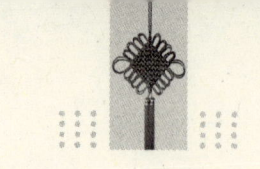

斯文在兹：中华文化的源与流

无人学，亦无有可教人者，所以书院的空壳化就成了必然，甚至国家投资巨大的孔子学院也成了实际上的汉语学院。

从读经开始，书院就当以教授内圣外王之学、铸造顶天立地之人为己任，否则很可能沦为少数文人玩弄风雅的场所。余云辉博士告诉我，书院会和当地中小学合作，开展读经教育，这很好。

经者，径也。古圣贤留下的经，是历代先贤生存智慧的结晶，是我们取之不竭的精神源泉。离开这个源泉，我们将生活在精神的沙漠之中！过去一百年来，有人将中华文化经典弃如敝屣，至于今日，我们连最基本的价值认同都没有，所谓的"某某精神"多是挂满大街、华而不实的口号。这样，何以收拾人心，何以凝聚民力！

"经"，中华文化的元典，是中华文化的根，是中国人安身立命的根本。在这个根本之上，一个人才能成长为栋梁之材。在这个根本之上，国家才能繁荣昌盛。

如同历史上曾经有过的那样，希望更多栋梁之材从蓝田书院中走出来，去接续你们先人的梦想与光荣……

这样，我们上不愧祖宗，下无愧子孙！

谢谢出资重修书院的余云辉博士，谢谢大家！

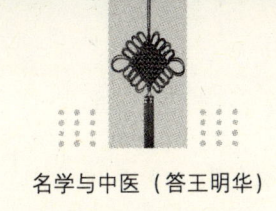

名学与中医（答王明华）

附录二　名学与中医（答王明华）*

王明华先生好：

您（2013年）6月25日的信现在才答复，见谅。

从您的赐稿中得知，多年来，您为中医的复兴鼓与呼，且力行不辍，真令人敬佩。

在信中，您提到"（名学）对于自然国学的研究和发展也十分重要"，这是很正确的。甚至可以说，名学在中医理论的构建过程中起了根本性作用。

首先，中医藏象理论确立的重要原则就是"因变以正名"，联系《黄帝内经·素问·六节藏象论》上下文，可知这里的"变"是阴阳之变，然后是五色、五味之变，进而通于脏腑功能之变；这里的"名"指阴阳、五色、五味、脏腑诸象之名；这里的"因"，是应因、静因之意，所因者，变也；这里的"正"是使名实相符，名副其实。我们看到，藏象理论是描述动态诸象之间的关系——"因变以正名"，可谓深得中国文化之精髓。

---

* 王明华先生系浙商资本发展中心主任、中华健康云服务联盟总干事、浙大智慧医疗管理研究所执行所长，多年来从事中医的研究与推广工作。他多次打电话或写信同笔者交流思想，使我获益颇多。

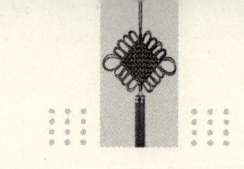

斯文在兹：中华文化的源与流

《黄帝内经·素问·六节藏象论》引岐伯与黄帝对话说："帝曰：善。余闻气合而有形，因变以正名。天地之运，阴阳之化，其于万物孰少孰多，可得闻乎？岐伯曰：悉哉问也，天至广，不可度，地至大，不可量。大神灵问，请陈其方。草生五色，五色之变，不可胜视，草生五味，五味之美不可胜极，嗜欲不同，各有所通。天食人以五气，地食人以五味。五气入鼻，藏于心肺，上使五色修明，音声能彰；五味入口，藏于肠胃，味有所藏，以养五气，气和而生，津液相成，神乃自生。"（大意：黄帝说：我听说由于天地之气的和合而有万物的形体，又由于其变化多端以至万物形态差异而有不同的名称。天地的气运，阴阳的变化，它们对于万物的生成，就其作用而言，哪个多，哪个少，可以听你讲一讲吗？岐伯说：问的实在详细呀！天极其广阔，不可测度，地极其博大，很难计量，像您这样伟大的圣主既然发问，就让我陈述一下其中的道理吧。草木显现五色，而五色的变化，是看也看不尽的；草木产生五味，而五味的醇美，是尝也尝不完的。人们对色味的嗜欲不同，而各色味是分别与五脏相通的。天供给人们以五气，地供给人们以五味。五气由鼻吸入，贮藏于心肺，其气上升，使面部五色明润，声音洪亮。五味入于口中，贮藏于肠胃，经消化吸收，五味精微内注五脏以养五脏之气，脏气和谐而保有生化机能，津液随之生成，神气也就在此基础上自然产生了。）

接下来，文章进一步论述了藏象理论。我们不再赘述。

同时，"因变以正名"还体现在辨证施治这一中医认识疾病和治疗疾病的基本原则之中。为什么要辨证施治呢？人体是个高度复杂的系统，同一种病，在不同病人身上、在不同病程、不同季节都可能有不同的变，施治方法当然也不可能全同，甚至是同病异治、异病同治，这才

名学与中医（答王明华）

真正达到了"因变以正名"。西医的理论架构是静态的，不讲"因变"，总是想找到病与治之间的机械对应关系，在这一点上，中医自有其高明之处。

另外，名学告诉我们："有形者必有名。"但也存在"有名者未必有形"的情况，如人体的非解剖结构经络就是"有名而无形"。无形，不是不存在，其功能、事理在焉，仍然可以通过"名以定事，事以检名"来获取真知。用《尹文子·大道上》的话说就是："有形者必有名，有名者未必有形。形而不名，未必失其方圆白黑之实。名而不可不寻，名以检其差。故亦有名以检形，形以定名，名以定事，事以检名。察其所以然，则形名之与事物，无所隐其理矣。"（文意：有形状的事物必定有名称，有名称的事物不一定有形状。有形状而没有名称的事物，不一定会失去它的形状、颜色等特征。有名称而没有具体形状的事物，不根据名称去检验具体的事物，则往往出现差误。所以，有时用事物的名称来检验事物的形状，有时根据事物的形状来确定事物的名称，有时用事物的名称来规定事物的种类，有时根据事物的种类来检验事物的名称。弄明白了事物的形状与名称之间的关系，那么事物的形名关系与事物之间的道理，就无法隐瞒了。）

山东中医药大学自然辩证法教研室主任祝世讷教授将"发现人的非解剖结构"作为中医的重要发现之一，这是很对的。非解剖结构，如经络，无形，但科学证明它是存在的。他说："中医学对人的解剖结构有一定研究，但更重要的是认识了非解剖结构，最杰出的代表是对经络和五藏的认识。经络的客观存在已为世界公认，各种现代研究验证的经络循行路线与中医的论述基本一致，但寻找经络的解剖结构的各种努力均告失败，证明经络有结构但没有解剖形态。中医既认识了解剖形态的心

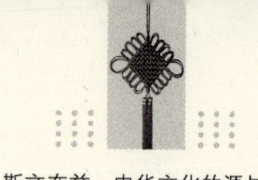

脏、肝脏、脾脏、肺脏、肾脏,又认识了非解剖形态的心藏、肝藏、脾藏、肺藏、肾藏,许多人力图将'五藏'归并为'五脏',但所有的现代研究都证明,两者不是一回事,五藏是人体的功能子系统,没有独立的解剖形态。例如肾藏的生理、病理与'下丘脑—垂体—肾上腺(甲状腺、性腺)'内分泌轴的功能相关,与肾脏相去甚远。从中医的这些发现可以揭开人的非解剖结构的面纱,开辟人体结构研究的非解剖时代。"①

西方文化过于重有形物质层面的东西,将无形功能层面的许多东西排除在人类经验之外,这不是一种健康、理性的态度。

王明华先生,在读您的大作《中医西医不可通约实为可通约》时,有一段话让我感触特别深,您说:"我认为'中医'的官方英文概念表达非常错误,不断造成误解和误传,使'中医'很受伤、被歧视,需要讨论和改变。TCM (Traditional Chinese Medicine) 翻译的根本错误在于只强调传统,而丢掉了现代,因此被误认为不能与标榜现代的西医 (MWM, Modern Western Medicine) 相比较和抗衡。'中医'也就被贴上了故纸堆里老古董的错误标签,拿出来治病救人,甚至部分中医自认为不科学而底气不足,也因此被方舟子等叫骂为'伪科学'。这次青岛《首届全国自然国学学术研讨会》,有幸和老朋友北京山海文化传播工作室首席科学家王红旗先生住在一起,晚上讨论'自然国学',大家特别有共识。王红旗非常支持我,认为国学和中医一样,'国学就是中国人的学问',包括古人和今人,要重视传统也要发展现代。中医就是 CM,那个画蛇添足的 T 应该去除:中医的生命力就在于当代!"

---

① 祝世讷:《中医西医为什么不可通约》,《大众日报》2013 年 5 月 18 日。

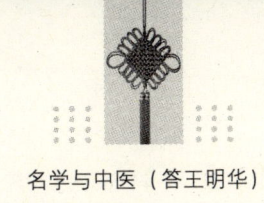

名学与中医（答王明华）

您说得多好啊！但 TCM 不是翻译错误，而是西方人强加在中医身上的"鄙名"，这类鄙劣名称的现实结果就是"以名害实"，这才是中医"很受伤、被歧视"的逻辑基础。（参阅拙著《正名——中国人的逻辑》，中央编译出版社，2013 年 6 月，第 135～139 页。）这样的名称在 20 世纪的中国文化中太多太多了，19 世纪西方人最初发明这类鄙名为了证明殖民主义的"政治正确"，现代人应用这类鄙名则完全出于愚昧无知！

试想，如果说《黄帝内经》属于传统的，那么它何尝不是属于未来的。很难想象，即使在两千年后，还有什么中医理论能够取代《黄帝内经》的基础地位。鄙名将导致逻辑混乱，现代学术中鄙名极多，学人日用而不知——诸君慎之，再慎之！

当然，名学与中医理论的关系还有太多需要研讨的地方，比如通过"白马非马"这一论式，可以推知"死人非人"，即解剖学上的尸体不等于活生生的人，这使我们重新思考建立在解剖学基础上的西方医学的局限性所在。

王明华先生，我于医学是门外汉，关于名学与中医的关系也是在中医界朋友再三提醒下才关注二一。其中不妥、错误之处，请不吝斧正。

再次感谢您的来信和赐稿。

翟玉忠
2013 年 6 月 30 日

王明华先生信件原文：

翟玉忠先生，您好！

接到邮件，得悉大作《正名：中国人的逻辑》已经由中央编译出版

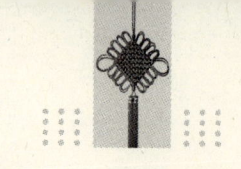

社出版,表示祝贺!刚去青岛参加了全国首届自然国学研讨会,收获多多,我在会上提出《对自然国学的期盼》四点意见:(1)包容西学,互敬互补;(2)重振中华,面对实际;(3)天人合一,世界所需;(4)整合创新,齐心协力。会上也有专家提出不同观点:中华国学有特殊性,不宜多与西方科学搅合;中医西医不能通约等等,我们正在进行学术讨论和争鸣。

注意到您的大作提出:名学是中国文化由形而上学至形而下学的关键所在,是通天人之际的根本。对于修正西方现代自然科学和人文学术中的还原论思维取向,中国正确引入西方学术以及中国学术的本土创新具有重要意义。您还提出:名学是人类一切知识活动和社会行为的基础。中国名学能够为本土学术体系提供牢靠的思维防火墙,同时建立起不同文明间交流的"学术海关",避免出现逻辑概念的混乱。我对此非常感兴趣,我认为您对国学的深入研究和创新观点对于自然国学的研究和发展也十分重要。

寄上有关资料,敬请批评指正。同时,也响应你们的稿件征集,可以共同开辟学术专栏,以重建中国本土学术、再造人类文明为己任,共同为基于中国历史经验和现实问题的学术文章和思想观点添砖加瓦。

王明华
2013 年 6 月 25 日

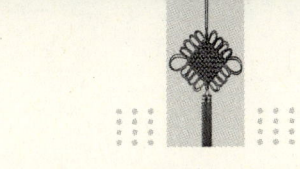

附录三　节制权力·节制资本·节制欲望(答乐由[*])

乐由先生：

谢谢您 2 月 11 日的来信，您谈的两方面问题都十分重要，很有讨论的必要。

首先是资本在人类社会中的地位问题。您说："资本作为经济活动的管理和定量化工具是天然的，就像金银天然就是货币。资本运作的深化和普及毋庸置疑地促进了人类的文明进程，而且还在显示其威力。货币天生就有资本的功能，毛泽东时代的国有资金也会创造利润。资本的负面作用不是其本身的必然产物，而是资本操纵者膨胀的恶欲造成的，包括最近的次贷危机。可以说，资本就像一把锋利的菜刀，可以用来制作佳肴，也可以用来杀人害命，皆归因于人欲也。"

您的这个论断是很深刻的。借用一句流行话说："资本并不是坏东西。"问题是，当资本被过度应用后就会成为坏东西——比如房子不同于肥皂，不能被当作普通商品被过度资本化，国家有让人民安居的责任；养老也不能完全靠市场的力量解决，因为老年人的精神需求需要孝

---

[*] 乐由先生旅居美国，好学深思，慈悲济世，多年来一直关注、支持新法家的发展。2013 年年初听说笔者患有胃病，特地从大洋彼岸寄来胃药，并详细说明了用法——乐君真古仁人之心！

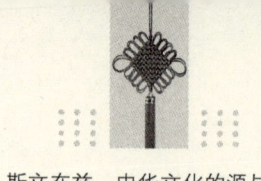

道，而非单纯金钱能满足——资本力量的无限膨胀是现代人类的大问题，其根源可以上溯到文艺复兴时期。

14、15世纪，银行业极度不稳定，银行家没有社会地位——基督教鄙视商业，商业生态如此之差，大银行甚至因为国王赖账而倒闭。在这种情况下，意大利的银行家们竭力想摆脱这种局面，其途径概括起来就是两方面：一是解放人类的物欲，终极目标是通过人性的物化建立资本的合法性和权威性；二是让金钱控制政治，让公权力成为资本顺从而忠诚的奴仆。我们看看文艺复兴的历史，就会明白这一点，银行家在努力控制知识和艺术的创造，在努力控制政治和外交的方向。

想想吧，如果没有银行业的美第奇家庭，西方文明会变成什么样子！还会有大卫像和《最后的晚餐》吗？还会有伽利略的科学和薄伽丘的小说吗？

从西方到东方，文艺复兴锁定了过去五百年的人类史——资本垄断一切，人类物欲的守护神个人理性、个人自由、个人意志被推到了极致；人类历史经验、社会差序格局、集体荣誉被贬低，甚至横遭鄙视。东方圣贤成了可恶历史的垃圾，西方圣贤则被个人主义肆意肢解。

古希腊艺术中内在平衡、宁静的美被文艺复兴时代艺术作品中的冲突和紧张所取代。《十日谈》那样的作品是在大瘟疫的恐怖氛围下物欲的自由展示。直到21世纪的今天，我仍然不太相信一位负责任的家长会让年幼的孩子读这本所谓的"世界名著"。

物欲如同西方神话中装在瓶子里的魔鬼，一旦瓶口被打开，它就会无限膨胀自己，产生吞噬一切的力量——首先是资本取代道德成为社会的主导力量，然后资本取代正义实现政治垄断，对外则表现为暴力和霸权。在西方，这一切早已经完成，以至于我们难以察觉其痕迹。在中

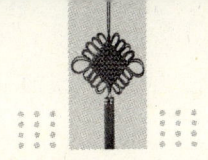

节制权力·节制资本·节制欲望（答乐由）

国,尽管古老的礼义文化成了历史,但"国学热"总有一种莫名的生命力;有人在努力铸造中国资本家的高、大、全形象,但除了房地产领域稍有"建树"外,中国资产阶级实现政治垄断似乎依然遥遥无期。

所以我想说,我们在对人类现状的基本理解上是没有严重分歧的。新法家的主旨"结束资本在自由名义下的霸权统治",并不是说我们否定资本,可能在表达上还有待商量的地方。(经过广泛征求意见,目前这句话已经改为："打破垄断资本的全球霸权。"——笔者注)

乐由先生,您还说："我毫不怀疑中华道法文明抑制资本运作的力量,否则资本运作首先会在中国发达,工业革命和现代文明就不会属于西方。"您抓住了中华礼义文明"礼、乐、刑、政,其极一也,所以同民心而出治道"(《礼记·乐记第十九》)的本质,这很了不起。

中华文化的一个重要特点就是,它不仅像西方社会一样,将权力关进笼子,还将资本关进笼子,亦将物欲（您说的"恶欲"）关进笼子。这个关进不是束缚,不是在不可靠的性恶论假定的基础上一味强调限制,而是有限度的节制。进而言之,"同民心"就是您讲的将恶欲也关进笼子,而不是单独将权力关进笼子。就是在节制权力的同时节制资本,在节制资本的同时节制欲望,通过定分止争,实现社会大治、人间太平。

西方政治和哲学中缺乏中道概念,它们从学术概念到政治理论,什么都讲二元对立,讲竞争斗争,美国民主、共和两党甚至常常为竞争而竞争,所以中国传统上代表整体利益的中性政府在西方人眼中是难以理解的。他们习惯于将之描绘成专制政体或威权政治。说实在话,许多中国人也难以理解西方利益集团竞争性政体,比如我在读《雅典政制》时,看到古代雅典不准政治上保持中立,开始以为是印错了,后来才知道这是真实情况——政治上缺乏中道是危险的,当节制权力变成了压制权力时,政治决策的低效率,甚至社会瘫痪都会发生。就是说,在限制权力的同时,必须给政府相当的权力以履行其维持社会公正的职责;同理,在限制资本的同时,要保证商人拥有足够的利润空间。

其次是约束恶欲(所谓的恶欲实际是私欲和物欲)膨胀的问题。您说:"无论是中国近代文明的滞后,还是资本带来的罪恶,其实都可归结于人们失控的罪恶欲望。纵观中华历史,律法举不胜数,而朝代的暴力更迭是一而再,再而三,不是因为缺少法律,而是由于人性的弱点。获得权利之后腐败的滋生不是靠制度和立法能完全控制的。满清的无能为力在而后国民政府的宪政下并没有得到解决,兴也罢亡也罢,都是人欲的轨迹。强大的道德性荣誉,传统习惯,舆论导向和媒体的独立性是确保宪政不为恶欲败坏的关键,也是一个民族产生凝聚力并推动世界文明的基础。权力单靠律法的笼子是关不住的,还要靠'大道'来不断约束恶欲的膨胀。因为这种膨胀可以是无限的,可以撑破笼子而发生爆炸。"

您说得太好了,内圣外王,内圣是基础。只有节制了物欲,才能节制资本,只有节制了资本,才能节制权力,这一因果顺序不能颠倒。

关于内圣,涉及中国的性命之学,这种学术西方极为欠缺,于是西化的学者们用"宗教"一语概括。这样做很危险,因为内圣之学不是建立在信仰的基础上的,它同物理学相似,是建立在实践的基础之上,要"证得"才行,是实实在在的克念作圣功夫,要"修之于身,其德乃真"。所以中国学术"不贵谈说,而贵躬行,不尚知解,而尚体验"(明代大儒许孚远《原学篇》语)。

从本质上讲,美德、智慧、安乐是三位一体的,用《郭店楚墓竹简

·五行》中的话说就是："（君子）无中心之智则无中心之悦，无中心之悦则不安，不安则不乐，不乐则无德。"

同时，道德与法治的哲学底层结构也是共通的，道/名/法三者层层累积而上，就是西汉刘向针对《尹文子》一书所讲的"自道以至名，自名以至法。以名为根，以法为柄"（《文献通考·经籍考三十九》）。《韩非子·扬权第八》也说："用一之道，以名为首。名正物定，名倚物徙。"这种高度集成统一的学术架构对西方学界来讲是极为陌生的，他们已经习惯于碎片化的学术体系。中国古典学术形式上则由大道（道）、圣贤（圣）、经典（经）支撑，其关系是："道沿圣以垂文，圣因文而明道。"（《文心雕龙·原道》）

新法家同仁在未来还将进一步阐述中华文化令人惊叹的学术大厦，它在古代就是集诸子百家之大成的黄老之学，新法家归本于此！

今年，我们将出版《礼义之道：中华礼义之学的重建》和《正名：中国人的逻辑》两本书，它们在生活方式和逻辑哲学两个侧面阐发了中华文化内圣外王的本质。

我们不能再沿着五百年前文艺复兴时代铺设的既定轨道走下去，人类需要重新调整自己前进的方向——它需要一种新的哲学思想，一种新的生活方式，一种新的政治经济学范式——我们越是看到这一点，就越感到中华文化的伟大、可贵之处。

最后我想说，关于建立基金会，我们没有经验，您长期旅居美国，希望能为我们多留意些。关键是，新法家不能为金钱所控制，它也不是任何人的私有财产，它是全人类的财富。基金会的具体章程和管理细则要建立在这两个基础之上，若不能满足这两个条件，有基金会就不如没有好。

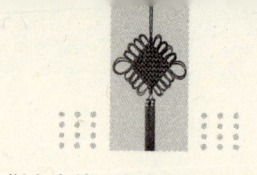

斯文在兹：中华文化的源与流

还是那句老话，艰苦奋斗，脚踏实地，慢慢开拓。这里我唯一可以告诉大家的是：过去十年来，我们没松懈怠过。我们坚信，新法家从内圣到外王，从软件到硬件，从中国到世界，会一路走下去——建立在中华文化基础上的人类第二次文艺复兴终将到来！

再次感谢您的来信！再次感谢您对我们的支持！

保持联系！

翟玉忠

2013年2月13日

乐由先生信件原文：

翟玉忠，陆寿筠老师，您们好！

赶在元宵节前给您们拜个晚年。祝新法家网站继往开来，在新的一年里突飞猛进！

顺便想和您们交换一些想法，概括起来有两点。

每次打开新法家网站，首先映入眼帘的是其宗旨，就是用中华道法文明结束资本的霸权统治。我认为这一点有修改的余地。资本作为经济活动的管理和定量化工具是天然的，就像金银天然就是货币。资本运作的深化和普及毋庸置疑地促进了人类的文明进程，而且还在显示其威力。货币天生就有资本的功能，毛泽东时代的国有资金也会创造利润。资本的负面作用不是其本身的必然产物，而是资本操纵者膨胀的恶欲造成的，包括最近的次贷危机。可以说，资本就像一把锋利的菜刀，可以用来制作佳肴，也可以用来杀人害命，皆归因于人欲也。因此，中华道法不应针对资本的实用功能，而应该去平衡其可能产生的负面影响。我毫不怀疑中华道法抑制资本运作的力量，否则资本运作首先会在中国发

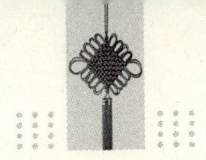

节制权力·节制资本·节制欲望（答乐由）

达，工业革命和现代文明就不会属于西方。中华道法的根本缺陷在于以取得和巩固皇权为核心，没有以巩固普世价值为中心。相比之下，西方的教会势力却更好地维护了自然的普世价值。西方在避免资本运作的负面效应上下了很大工夫，但上有政策下有对策，人的欲壑难填。中华道法如何？我拭目以待。我已见玉之尽力铺"道"，筠之提胆抖"法"。

第二个想法是上述观点的延续。无论是中国近代文明的滞后，还是资本带来的罪恶，其实都可归结于人们失控的罪恶欲望。纵观中华历史，律法举不胜数。而朝代的暴力更迭是一而再，再而三。不是因为缺少法律，而是由于人性的弱点。获得权利之后腐败的滋生不是靠制度和立法能完全控制的。满清的无能为力在而后国民政府的宪政下并没有得到解决。兴也罢亡也罢，都是人欲的轨迹。建立强大的道德性荣誉，传统习惯，舆论导向和媒体的独立性是确保宪政不为恶欲败坏的关键，也是一个民族产生凝聚力并推动世界文明的基础。权力单靠律法的笼子是关不住的，还要靠"大道"来不断约束恶欲的膨胀。因为这种膨胀可以是无限的，可以撑破笼子而发生爆炸。

现代战争的胜负取决于后勤，民族的崛起在于内圣。法易立，道难循。建设新世纪中华民族的精神风貌是新法家的首要任务，寄希望于新法家先行者们的身体力行，把恶欲关进如来的五指之间。

向不断开拓的新法家敬礼！

乐由　谨呈
2013 年 2 月 11 日

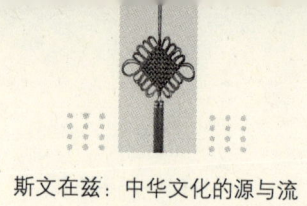

斯文在兹：中华文化的源与流

后记　八年学术远征反思录

自新法家网站 2005 年 7 月正式开通，迄今已经有八年多。作为新法家网站中英文版总编辑，这八年对于笔者来说简直是一场学术、思想上的远征。在西方学术垄断一切资源，民间学术几乎没有生存空间的地方杀出一条血路来——其中奋斗的艰辛和发现的喜悦，实在难以付诸笔端！

然而值得反思之处亦多，这些反思是教训，足以启迪后来者。所以写下来，供学人参考。

一

最为值得反思的一点是，在我主持新法家网站编辑工作期间，受西方二元对立思维的影响，最初两年存在激烈的反儒倾向。当时我不知道，百家争鸣不是中国文化的主流，百家殊途同归，和合共通才是中国文化的主流。特别是在春秋战国时期，大道基本上没有为天下裂，百家共存共通的特征十分明显。百家确有争鸣之处，但那不是主流，这是研究中国文化所需要特别注重的。

2006 年，我写过《孔子比日本鬼子还坏》一文，那是出于对后世儒家误国的反思与批判。今天想来，恐易误导他人，成自己罪过。

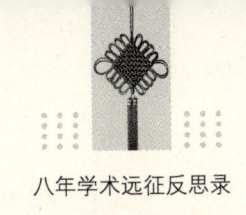

八年学术远征反思录

儒家的历史有两千多年，其间的流变真有沧海桑田之感。汉朝人已鲜知儒家精髓所在，儒门"心法"性与天道之学尽乎失传，辞章之学大兴。宋儒援佛、道入儒，多可采之处，却视名家、法家外王之学皆为异端。空谈心性，误国误民，学术杀人，令人痛心疾首。

中华文化内圣外王大道，屡遭人为祸害——中华文化势微，岂独源于五四运动之后？！

二

另外使我感到痛惜的一点是，自己五年前始闻大道，知向上事在。当时我已经三十五岁。

这要特别感谢中央编译出版社的董巍先生。2008 年左右，他任拙著《道法中国：二十一世纪中华文明的复兴》一书的编辑，我们多有交流。在一次闲谈中，我谈及我们搞新法家网站是为人类探索一条崭新的道路，不是为了自己。当时他很感动，然后就对我讲起了佛教，说佛教同物理学一样，都讲参证、实验。

我被他的观点深深地吸引了，怎么宗教信仰能与物理学相类？这引导我探求佛教的本质，知道了超越名相的大道在焉，也使我义无反顾地走上了修行之路。在这条路上，我缘分极好，有幸聆听元音老人、南怀瑾居士讲授大法，其间纵多愧对先贤之悔，亦不乏修道进德之乐。

所深自愧恨者，自己欠精进，常常沉沦于日常驴事、马事——甚至不能脱开名闻利养、流连声色！

三

最后我想说的是，在八年学术道路上，南怀瑾先生对我的支持最

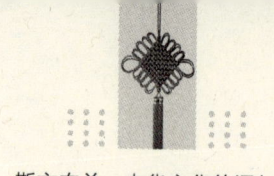

大,在精神上和物质上都是这样;旅居美国的陆寿筠先生是我学术上的忘年交、长期的合作者,六年来他一直主持新法家网站英文版的工作——回想起来,海内外不求闻达、默默支持自己的贤人君子们太多,恐一生难以报答人家。

早就读过南先生的书,但在南师生命的最后几年,我们才有了间接或直接的交往,大家见面是在他生命的最后一年——那是2012年4月26日——这也是我们之间唯一的面对面交流。

晚宴开始,广众之间,寒暄之后,南师慈悲地让我坐在他对面,以便说话。坐定后他就说要嘱托我几件事,而我当时却心不在焉。以为南师当活过百岁,大家交流时日尚多——直到2012年9月29日南师仙逝,我才恍然大悟,知这是南师最后的嘱托——而我当时愚痴何极!

南师嘱我最重要的是:要作到中立而不倚!

他是引《礼记·中庸》中的一段话:"故君子和而不流,强哉矫!中立而不倚,强哉矫!"

"和而不流"、"中立而不倚",这是真正强者、圣贤的境界——自己能担当吗?只有努力,再努力,死而后已!

八年多来,还有太多值得反思、警醒的地方。以上几点只是笔者日夜时常所思,难以释怀的。

立此存照,以为后序。

图书在版编目 (CIP) 数据

斯文在兹：中华文化的源与流 / 翟玉忠著 . —北京：中央编译出版社，2014.3
ISBN 978-7-5117-2059-7

I. ①斯… Ⅱ. ①翟… Ⅲ. ①中华文化－研究 Ⅳ. ① K203

中国版本图书馆 CIP 数据核字 (2014) 第 022274 号

斯文在兹：中华文化的源与流

出 版 人：	刘明清
出版统筹：	董　巍
责任编辑：	陈　肃　曲建文
责任印制：	尹　珺
出版发行：	中央编译出版社
地　　址：	北京西城区车公庄大街乙 5 号鸿儒大厦 B 座 (100044)
电　　话：	(010) 52612345（总编室）　　(010) 52612363（编辑室）
	(010) 52612316（发行部）　　(010) 52612315（网络销售）
	(010) 52612346（馆配部）　　(010) 66509618（读者服务部）
传　　真：	(010) 66515838
经　　销：	全国新华书店
印　　刷：	北京瑞哲印刷厂
开　　本：	787 毫米 ×1092 毫米　1/16
字　　数：	169 千字
印　　张：	14.25
版　　次：	2014 年 3 月第 1 版第 1 次印刷
定　　价：	45.00 元
网　　址：	www.cctphome.com　　邮　箱：cctp@cctphome.com
新浪微博：	@中央编译出版社　　微　信：中央编译出版社（ID：cctphome）

本社常年法律顾问：北京市吴栾赵阎律师事务所律师　闫军　梁勤
凡有印装质量问题，本社负责调换。电话：010-66509618